1日15分でできる！

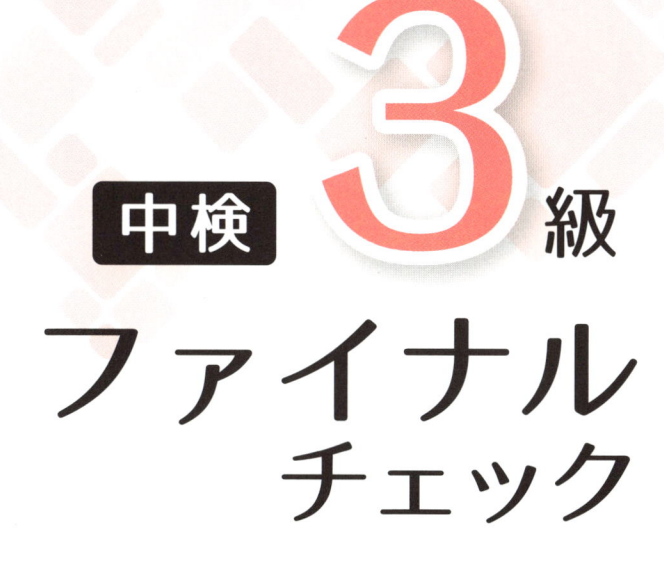

中検 3級
ファイナルチェック

山田 留理子・長野 由季・賀 南

駿河台出版社
SURUGADAI SHUPPANSHA

この本を手にされた皆さまへ

　本書は中国語検定試験3級を受験する人を対象にした必勝問題集です。10年分の過去問を分析し、よく出る問題をドリル形式で繰り返し学べるようにしました。また、リスニング用の問題も多く収録されていますので、付属のMP3対応CD-ROMを使ってリスニング対策もしっかり出来ます。

〈本書の特長〉
　①解答は切り離して使用できる。
　②1ページ約15分で手軽に学習できる。
　③3級試験に出る文法ポイントが別冊解答編に集約されている。
　　→試験直前の総チェックに活用できる。

〈本書の使い方〉
　①第1回実力問題を解く
　　→自己分析シートを活用し、自分の弱点を把握する。
　②ドリルStep 1, 2, 3を解く
　　→反復学習により知識・理解を定着させる。
　③第2回実力問題を解く
　　→検定試験本番同様、時間を決めてトライする。

　中国語を学び、語り合うことによって友情の輪を一層深めることができれば幸いです。本書の編集・校正では、姫路獨協大学名誉教授の伊井健一郎先生、並びに駿河台出版社の浅見忠仁氏に大変お世話になりました。心より感謝の意を表します。

2014. 11. 18　著　者

目　　次

この本を手にされた皆さまへ …………………………………3
中国語検定試験　3級の概要 …………………………………7
自己分析シート …………………………………………………8

第1回実力問題
　　リスニング …………………………………………………9
　　筆記 …………………………………………………………12

問題編

`unit 1`
第1日目　step 1　ドリル　[助動詞／疑問詞] ……………20
第2日目　step 2　検定形式問題　[助動詞／疑問詞] ……21
第3日目　step 3　リスニング　[一問一答] ………………22

`unit 2`
第4日目　step 1　ドリル　[量詞／介詞] …………………23
第5日目　step 2　検定形式問題　[量詞／介詞] …………24
第6日目　step 3　リスニング　[一問一答] ………………25

`unit 3`
第7日目　step 1　ドリル　[副詞・助詞] …………………26
第8日目　step 2　検定形式問題　[副詞・助詞] …………27
第9日目　step 3　リスニング　[一問一答] ………………28

`unit 4`
第10日目　step 1　ドリル　[方向補語／可能補語] ………29
第11日目　step 2　検定形式問題　[方向補語／可能補語] …30
第12日目　step 3　リスニング　[二人三話] ………………31

unit 5
第 13 日目　step 1　ドリル　[比較文] ……………………………32
第 14 日目　step 2　検定形式問題　[比較文] ……………………33
第 15 日目　step 3　リスニング　[二人三話] ……………………34

unit 6
第 16 日目　step 1　ドリル　["把"構文] …………………………35
第 17 日目　step 2　検定形式問題　["把"構文] …………………37
第 18 日目　step 3　リスニング　[二人三話] ……………………39

unit 7
第 19 日目　step 1　ドリル　[受動文／兼語文] …………………40
第 20 日目　step 2　検定形式問題　[受動文／兼語文] …………41
第 21 日目　step 3　リスニング　[会話] …………………………42

unit 8
第 22 日目　step 1　ドリル　[時量] ………………………………43
第 23 日目　step 2　検定形式問題　[長文／時量] ………………44
第 24 日目　step 3　リスニング　[会話] …………………………45

unit 9
第 25 日目　step 1　ドリル　[動作の持続・進行／存現文] ……46
第 26 日目　step 2　検定形式問題　[長文／持続・進行／存現文] …47
第 27 日目　step 3　リスニング　[長文] …………………………48

unit 10
第 28 日目　step 1　ドリル　[複文] ………………………………49
第 29 日目　step 2　検定形式問題　[複文] ………………………50
第 30 日目　step 3　リスニング　[長文] …………………………51

第 2 回実力問題
　リスニング ……………………………………………………………52
　筆記 ……………………………………………………………………55

別冊解答編
解　答 ………………………………………………………………………1
付　録
　呼応表現一覧・助動詞一覧・介詞一覧・量詞一覧 …………………126
　3級文法ポイントのまとめ ……………………………………………130

CD-ROM について
　本書の音声は、MP3対応 CD-ROM となっております。パソコンやMP3プレーヤーで再生してください。（CDプレーヤーやDVDプレーヤーでは再生できません。無理に再生しようとすると、プレーヤーを破損する恐れもありますので、十分ご注意ください。）パソコンやソフトウェアの使用方法はそれぞれのマニュアルをご覧ください。

　本書のリスニング問題の音声（MP3対応 CD-ROM）は、中国語検定試験リスニング問題の形式に合わせて2回繰り返しています。何度も聞いて、本番の試験に備えましょう。

中国語検定試験 3 級の概要

（データは協会 2014 年 7 月 HP より）

▍レベル・出題内容

> 【レベル】
> 自力で応用力を養いうる能力の保証（一般的事項のマスター）
> 基本的な文章を読み，書くことができること。
> 簡単な日常会話ができること。
> （学習時間 200〜300 時間。一般大学の第二外国語における第二年度履修程度。）
>
> 【出題内容】
> 単語の意味，漢字のピンイン（表音ローマ字）への表記がえ，ピンインの漢字への表記がえ，常用語 1,000〜2,000 による中国語複文の日本語訳と日本語の中国語訳。

▍試験時間・配点・合格基準・受験料

試験時間	100 分
配　　点	200 点（リスニング 100 点、筆記 100 点）
合格基準	リスニング 65 点、筆記 65 点
受 験 料	郵送による申込：4800 円、インターネット申込：4700 円

▍日程 ： 3 月・6 月・11 月の第 4 日曜日

▍申し込み方法

●郵送による申込

　受験申込書を入手し、必要事項を記入のうえ、受験料領収証を添えて送付します。受験申込書は、日本中国語検定協会に請求して送ってもらいます。同協会のホームページからも請求できます。また一部書店・大学生協でも申し込みを受け付けています。

●インターネット申込

　ホームページの手順に沿って申し込みができます。

> （財）日本中国語検定協会
> 〒102-8218　東京都千代田区九段北 1-6-4　日新ビル 5 階
> Tel：03-5211-5881　Fax：03-5211-5882
> ホームページ：http://www.chuken.gr.jp/

自己分析シート　〜模擬試験（実力問題）の結果から自分の弱点を知ろう〜

【例】

第1回模擬試験（筆記）
1. 発音
2. 空欄補充
3. 並び替え
4. 長文理解
5. 日文中訳

今日から発音部分を強化しようかな。

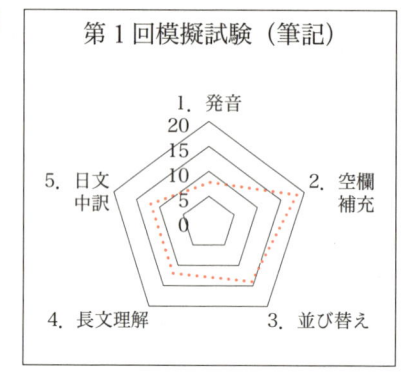

【第1回模擬試験（実力問題）】　実施日：　　　年　　月　　日

第1回模擬試験（リスニング）
1. 1問1答
2. 2人3話
3. 会話文
4. 長文

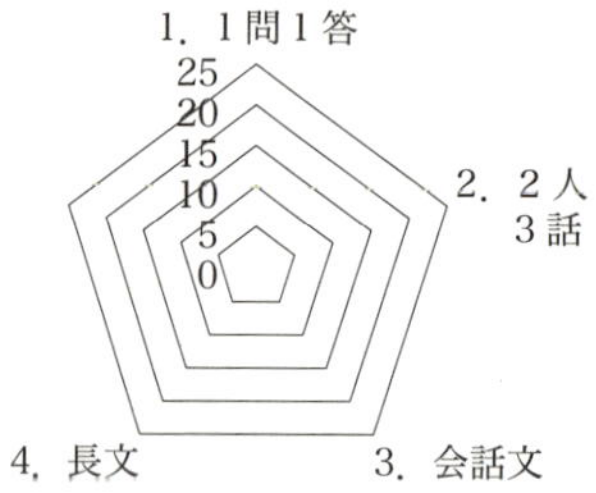

第1回模擬試験（筆記）
1. 発音
2. 空欄補充
3. 並び替え
4. 長文理解
5. 日文中訳

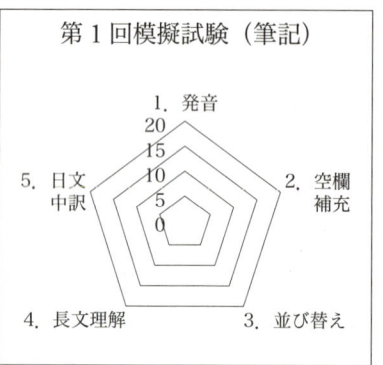

【第2回模擬試験（実力問題）】　実施日：　　　年　　月　　日

第2回模擬試験（リスニング）
1. 1問1答
2. 2人3話
3. 会話文
4. 長文

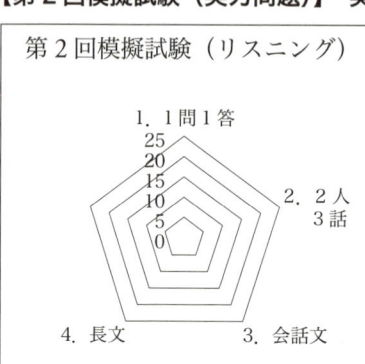

第2回模擬試験（筆記）
1. 発音
2. 空欄補充
3. 並び替え
4. 長文理解
5. 日文中訳

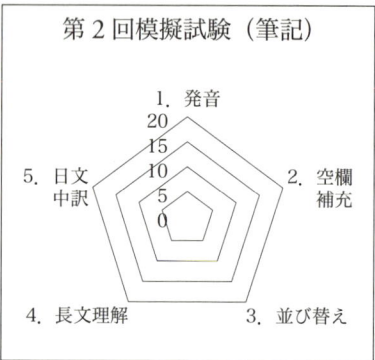

中国語検定 3級 第1回実力問題

解答：別冊 p.1

リスニング　　　　／100

1

CD 01 1.（1）～（5）の中国語の問いを聞き、答えとして最も適当なものを、それぞれ①～④の中から1つ選び、その番号を答えなさい。（25点）

(1) ① ② ③ ④
(2) ① ② ③ ④
(3) ① ② ③ ④
(4) ① ② ③ ④
(5) ① ② ③ ④

CD 02 2.（6）～（10）のAとBの対話を聞き、Bの発話に続くAのことばとして最も適当なものを、それぞれ①～④の中から1つ選び、その番号を答えなさい。（25点）

(6) ① ② ③ ④
(7) ① ② ③ ④
(8) ① ② ③ ④
(9) ① ② ③ ④
(10) ① ② ③ ④

中検3級ファイナルチェック　9

2 中国語を聞き、(1)〜(10)の問いの答えとして最も適当なものを、それぞれ①〜④の中から1つ選び、その番号を答えなさい。　　(50点)

CD 03
CD 04

メモ欄

(1)〜(5)の問いは音声のみで、文字の印刷はありません。

(1)
　　　①　　　　　②　　　　　③　　　　　④
(2)
　　　①　　　　　②　　　　　③　　　　　④
(3)
　　　①　　　　　②　　　　　③　　　　　④
(4)
　　　①　　　　　②　　　　　③　　　　　④
(5)
　　　①　　　　　②　　　　　③　　　　　④

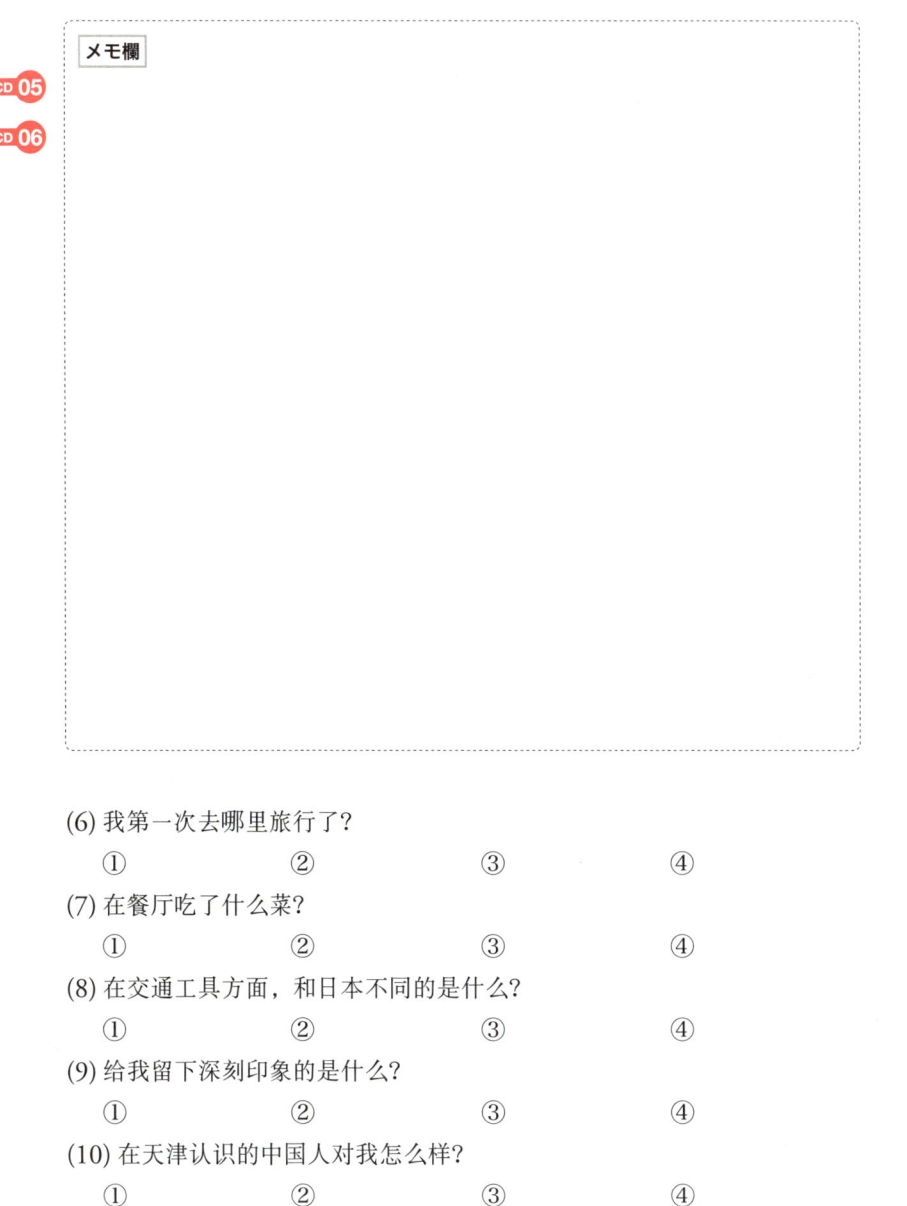

メモ欄

(6) 我第一次去哪里旅行了?
　　　①　　　　②　　　　③　　　　④
(7) 在餐厅吃了什么菜?
　　　①　　　　②　　　　③　　　　④
(8) 在交通工具方面，和日本不同的是什么?
　　　①　　　　②　　　　③　　　　④
(9) 给我留下深刻印象的是什么?
　　　①　　　　②　　　　③　　　　④
(10) 在天津认识的中国人对我怎么样?
　　　①　　　　②　　　　③　　　　④

解答：別冊 p.13

筆 記

/100

1

1. (1)～(5)の中国語と声調の組み合わせが同じものを、それぞれ①～④の中から1つ選びなさい。　　　　　　　　　　　　　　　　　（10点）

(1) 环境　　① 运动　　② 流利　　③ 回国　　④ 礼貌

(2) 说话　　① 打开　　② 人类　　③ 安全　　④ 亲切

(3) 本来　　① 理由　　② 爱人　　③ 可惜　　④ 帮忙

(4) 菜单　　① 讨厌　　② 对方　　③ 平安　　④ 季节

(5) 出生　　① 团结　　② 风景　　③ 秘密　　④ 干杯

2. (6)～(10)の中国語の正しいピンイン表記を、それぞれ①～④の中から1つ選びなさい。　　　　　　　　　　　　　　　　　　　　　　（10点）

(6) 支持　　① jīchí　　② jīchǐ　　③ zhīchí　　④ zhīchí

(7) 集合　　① jǐhé　　② jíhē　　③ jíhú　　④ jǐhú

(8) 国际　　① kuójì　　② guójì　　③ kuójǐ　　④ guójǐ

(9) 考虑　　① kàolǔ　　② kàolù　　③ kǎolù　　④ kǎolǔ

(10) 效果　　① xiāoguǒ　　② xiǎoguǒ　　③ xiàoguǒ　　④ xiǎoguó

2 (1)～(10) の中国語の空欄を埋めるのに最も適当なものを、それぞれ①～④の中から1つ選びなさい。　　　　　　　　　　(20点)

(1) 那（　　）电影很受欢迎。
　　① 部　　② 张　　③ 本　　④ 台

(2) 我被爸爸打了一（　　）。
　　① 遍　　② 顿　　③ 趟　　④ 口

(3) 如果今天工作不努力，明天（　　）得努力找工作。
　　① 能　　② 只　　③ 才　　④ 就

(4) 点这么多菜，你吃得（　　）吗?
　　① 下　　② 出　　③ 上　　④ 了

(5) 他（　　）是作家，又是老师。
　　① 既　　② 也　　③ 还　　④ 先

(6) 昨天我的钱包（　　）小偷偷走了，气死人了！
　　① 从　　② 把　　③ 被　　④ 对

(7) 他们那里没有这儿（　　）冷。
　　① 这么　　② 多么　　③ 要么　　④ 怎么

(8) 他（　　）感冒发烧了，（　　）请了一天假。
　　① 或者……或者　　② 虽然……但是
　　③ 哪怕……都　　　④ 因为……所以

(9) （　　）好好学习，（　　）会有更好的前途。
　　① 不管……都　　② 因为……所以
　　③ 只要……就　　④ 虽然……但是

(10) 没有包子的话，我们（　　）吃烧饼吧。
　　① 却　　② 才　　③ 就　　④ 又

3 1．(1)〜(5)の日本語の意味に合う中国語を、それぞれ①〜④の中から1つ選びなさい。　　　　　　　　　　　　　　　　(10点)

(1) 皆さん、どうかたくさん飲んでください。
　　① 请你们喝多一点儿。
　　② 请你们多一点儿喝。
　　③ 请你们多喝一点儿。
　　④ 多请你们喝一点儿。

(2) 私は財布を教室に忘れてきてしまいました。
　　① 我把钱包忘在教室里了。
　　② 我忘在教室里了把钱包。
　　③ 我把钱包忘教室里在了。
　　④ 我把钱包在教室里忘了。

(3) あなたは食べるのが速すぎます。
　　① 你吃得太了快。
　　② 你吃太得快了。
　　③ 你吃得太快了。
　　④ 你太吃得快了。

(4) あそこはニューヨークよりずっと涼しい。
　　① 那里比纽约凉快多了。
　　② 那里凉快比纽约多了。
　　③ 那里比纽约多了凉快。
　　④ 那里比纽约多凉快了。

(5) 私たちは2時間太極拳を習いました。
　　① 我们两个小时学了太极拳。
　　② 我们学了太极拳两个小时。
　　③ 我们学两个小时了太极拳。
　　④ 我们学了两个小时太极拳。

2. (6) ～ (10) の日本語の意味になるように、それぞれ①～④を並べ替えたとき、〔　〕内に入るものはどれか、その番号を答えなさい。

(10点)

(6) 彼はいつでも時間があります。

　　　他〔　　　〕＿＿＿＿　＿＿＿＿　＿＿＿＿。
　　　　① 什么时候　② 都　③ 有　④ 时间

(7) 北京ダックは横浜中華街で食べられますか。

　　　北京烤鸭在横浜中华街＿＿＿＿〔　　　〕＿＿＿＿　＿＿＿＿？
　　　　① 到　② 吗　③ 吃　④ 得

(8) 彼は起きるとすぐに勉強をしに行きます。

　　　他〔　　　〕＿＿＿＿　＿＿＿＿　＿＿＿＿看书。
　　　　① 一　② 去　③ 就　④ 起床

(9) 私の考えは他の人と違います。

　　　我的想法〔　　　〕＿＿＿＿　＿＿＿＿　＿＿＿＿。
　　　　① 别人的　② 跟　③ 一样　④ 不

(10) 空に雨雲が現れた。

　　　＿＿＿＿　＿＿＿＿　＿＿＿＿〔　　　〕。
　　　　① 天上　② 出现　③ 一团黑云　④ 了

4 次の文章を読み、(1)～(6)の問いの答えとして最も適当なものを、それぞれ①～④の中から1つ選びなさい。　　　　　　（20点）

　他今年16岁了，是高中生。他喜欢打乒乓球。因为他喜欢理科，__(1)__ 将来想当初中的理科老师。

　他初中1年级的时候加入了学校的乒乓球队，3年级的时候当上了部长。他这三年拼命练习，最后在城市的乒乓球比赛上获得冠军了。经历了球队部长的责任感，再加上获得了冠军的好成绩，这些都给了他自信，也 __(2)__ 他成长了。

　退出乒乓球队第一线后，他成为学生会长，为了大家过好学校生活下了不少功夫。看 __(3)__ 他努力的样子的朋友们都觉得他很厉害，很多朋友开始帮助他一起创造更好的学校。他被很多朋友围绕着，是非常幸福的一位少年。

　__(4)__ 像他那样的人实现自己的梦想当上老师的话，一定会 __(5)__ 学生们信赖，而成为很受欢迎的老师吧。

(1) 空欄(1)を埋めるのに適当なものは、次のどれか。
　　① 就　　② 因此　　③ 所以　　④ 但是

(2) 空欄(2)を埋めるのに適当なものは、次のどれか。
　　① 让　　② 被　　③ 把　　④ 比

(3) 空欄(3)を埋めるのに適当なものは、次のどれか。
　　① 看　　② 出　　③ 到　　④ 见

(4) 空欄(4)を埋めるのに適当なものは、次のどれか。
　　① 尽管　　② 既然　　③ 万一　　④ 如果

(5) 空欄(5)を埋めるのに適当なものは、次のどれか。
　　① 请　　② 被　　③ 对　　④ 从

(6) 本文の内容に合うものは、次のどれか。
　　① 他最后在城市的乒乓球比赛上获得第一名了。
　　② 他将来想当初中的数学老师。
　　③ 他没有很多朋友。
　　④ 他初中二年级的时候加入了乒乓球队。

5 (1)～(5)の日本語を中国語に訳し、漢字（簡体字）で解答欄に書きなさい。　　　　　　　　　　　　　　　　　　　　（20点）

(1) 彼はテレビを見ながら、コーヒーを飲みます。

(2) この問題は小学生でも知っている。

(3) 私は少しも怖くない。

(4) 彼の携帯は私のより高い。

(5) 彼らはみな大学生というわけではない。

問題編

unit 1
- ☐ 第1日目 step 1 ドリル
  [助動詞／疑問詞]
- ☐ 第2日目 step 2 検定形式問題
  [助動詞／疑問詞]
- ☐ 第3日目 step 3 リスニング
  [一問一答]

unit 2
- ☐ 第4日目 step 1 ドリル
  [量詞／介詞]
- ☐ 第5日目 step 2 検定形式問題
  [量詞／介詞]
- ☐ 第6日目 step 3 リスニング
  [一問一答]

unit 3
- ☐ 第7日目 step 1 ドリル
  [副詞・助詞]
- ☐ 第8日目 step 2 検定形式問題
  [副詞・助詞]
- ☐ 第9日目 step 3 リスニング
  [一問一答]

unit 4
- ☐ 第10日目 step 1 ドリル
  [方向補語／可能補語]
- ☐ 第11日目 step 2 検定形式問題
  [方向補語／可能補語]
- ☐ 第12日目 step 3 リスニング
  [二人三話]

unit 5
- ☐ 第13日目 step 1 ドリル
  [比較文]
- ☐ 第14日目 step 2 検定形式問題
  [比較文]
- ☐ 第15日目 step 3 リスニング
  [二人三話]

unit 6
- ☐ 第16日目 step 1 ドリル
  ["把"構文]
- ☐ 第17日目 step 2 検定形式問題
  ["把"構文]
- ☐ 第18日目 step 3 リスニング
  [二人三話]

unit 7
- ☐ 第19日目 step 1 ドリル
  [受動文／兼語文]
- ☐ 第20日目 step 2 検定形式問題
  [受動文／兼語文]
- ☐ 第21日目 step 3 リスニング
  [会話]

unit 8
- ☐ 第22日目 step 1 ドリル
  [時量]
- ☐ 第23日目 step 2 検定形式問題
  [長文／時量]
- ☐ 第24日目 step 3 リスニング
  [会話]

unit 9
- ☐ 第25日目 step 1 ドリル
  [動作の持続・進行／存現文]
- ☐ 第26日目 step 2 検定形式問題
  [長文／持続・進行／存現文]
- ☐ 第27日目 step 3 リスニング
  [長文]

unit 10
- ☐ 第28日目 step 1 ドリル
  [複]
- ☐ 第29日目 step 2 検定形式問題
  [複]
- ☐ 第30日目 step 3 リスニング
  [長文]

unit 1 第 1 日目

解答：別冊 p.23

step 1　ドリル　助動詞／疑問詞

1 次の漢字をピンインと声調に直し、日本語訳をしましょう。

1. 打针　　　　2. 情况　　　　3. 自然

4. 希望　　　　5. 语言　　　　6. 选择

2 次の語句を〔　〕に入れて文章を完成させましょう。

打算，会，可以，要，值得

1. 今天下这么大的雨，他不〔　　〕来的。
2. 这本小说〔　　〕一读。
3. 我〔　　〕买这个，多少钱?
4. 在这里〔　　〕抽烟吗?
5. 快放假了，你〔　　〕去哪里?

3 次の文を正しい語順に直し、日本語に訳しましょう。

1. 〔他，当，翻译，能〕。

2. 〔应该，我们，学习，好好儿〕。

3. 你〔去，超市，什么时候，买菜〕?

4. 〔字，念，这个，怎么〕?

5. 今晚〔你，什么，想，干〕?

6. 你〔什么样，喜欢，的，职业〕?

7　其实我〔怎么，成绩，不，好〕。

20　中検3級ファイナルチェック

第2日目

step 2　検定形式問題　助動詞／疑問詞

1 （1）～（10）の中国語の空欄を埋めるのに最も適当なものを、それぞれ①～④の中から1つ選びなさい。　　　　　　　　【1問1点】

(1) 你放心，我不（　　）欺负你的。
　　① 能　　② 该　　③ 得　　④ 会

(2) 今天晚上我（　　）加班，不回来吃晚饭。
　　① 要　　② 可以　　③ 能　　④ 会

(3) 服务员说这里（　　）抽烟。
　　① 不想　　② 不会　　③ 不能　　④ 不愿意

(4) 不管怎样，你（　　）参加明天的考试。
　　① 能　　② 得　　③ 想　　④ 可以

(5) 我会用一辈子去珍惜你。你（　　）嫁给我吗?
　　① 要　　② 愿意　　③ 应该　　④ 却

(6) 天气太热了，（　　）都不想做。
　　① 什么样　　② 为什么　　③ 哪　　④ 什么

(7) 长脸型适合（　　）的发型?
　　① 怎么样　　② 什么　　③ 哪种　　④ 什么样

(8) 请问，从这里到公交车站（　　）走?
　　① 哪个　　② 为什么　　③ 怎么　　④ 怎样

(9) 我女朋友最近都不（　　）理我。
　　① 怎么　　② 哪　　③ 什么　　④ 怎样

(10) 新手机（　　）上市?
　　① 什么　　② 什么样　　③ 什么时候　　④ 什么地方

第 3 日目

→ 解答：別冊 p.28

step 3　リスニング 一問一答

　　(1) ～ (5) の中国語の問いを聞き、答えとして最も適当なものを、それぞれ①～④の中から 1 つ選び、その番号を答えなさい。

CD 07　(1)
　　　　①　　　　　②　　　　　③　　　　　④

CD 08　(2)
　　　　①　　　　　②　　　　　③　　　　　④

CD 09　(3)
　　　　①　　　　　②　　　　　③　　　　　④

CD 10　(4)
　　　　①　　　　　②　　　　　③　　　　　④

CD 11　(5)
　　　　①　　　　　②　　　　　③　　　　　④

unit 2 第4日目

→ 解答：別冊 p.31

step 1　ドリル　量詞／介詞

1 次の漢字をピンインと声調に直し、日本語訳をしましょう。

1. 医院
2. 凉快
3. 技术

4. 比较
5. 跑步
6. 健康

2 次の（　）に当てはまる量詞を答えましょう。

一（　）饭	1回の食事	一（　）电影	1回の上映
一（　）屋子	1つの部屋	一（　）书	1セットの本
一（　）话	ひと言	去一（　）	1往復する
一（　）树	1本の木	说一（　）	ひと声かける
一（　）文章	1編の文章	去一（　）	1回行く

3 次の介詞を〔　〕に入れて文章を完成させましょう。

跟，给，在，往，朝，向

1. 〔　　〕前走五分钟，就是你们学校。
2. 请代我〔　　〕你父母问好。
3. 明天我〔　　〕你打电话吧。
4. 她以前〔　　〕银行工作。
5. 老板总要求我〔　　〕他一起去出差。
6. 我想找一间〔　　〕南的房间。

4 次の文を正しい語順に直し、日本語に訳しましょう。

1. 〔我家，公司，到，从，只要〕十分钟。

2. 〔公司，不，离，远，我家〕。

3. 学好中文〔我们，很，来说，重要，对〕。

中検3級ファイナルチェック　23

第5日目

step 2　検定形式問題　量詞／介詞

1 (1)～(10)の中国語の空欄を埋めるのに最も適当なものを、それぞれ①～④の中から1つ選びなさい。　【1問1点】

(1) 我来给你做一（　　）饭吧。
　　① 回　　② 遍　　③ 顿　　④ 趟

(2) 我今天买了一（　　）书。
　　① 棵　　② 套　　③ 双　　④ 串

(3) 我有一（　　）自己的房间。
　　① 件　　② 把　　③ 架　　④ 间

(4) 昨天下了一（　　）雨。
　　① 场　　② 顿　　③ 回　　④ 趟

(5) 韩国旅游去一（　　）要多少钱？
　　① 顿　　② 遍　　③ 趟　　④ 场

(6) 我（　　）他一起去学校。
　　① 到　　② 给　　③ 对　　④ 跟

(7) 现在（　　）上课还有五分钟。
　　① 离　　② 在　　③ 从　　④ 向

(8) 田中（　　）早上一直工作到现在。
　　① 在　　② 从　　③ 跟　　④ 为

(9) 有没有班车，（　　）我来说，太重要了。
　　① 往　　② 向　　③ 关于　　④ 对

(10) 我想（　　）大家表示感谢。
　　① 从　　② 在　　③ 向　　④ 朝

第 6 日目

→ 解答：別冊 p.36

step 3　リスニング　一問一答

　(1) ～ (5) の中国語の問いを聞き、答えとして最も適当なものを、それぞれ①～④の中から1つ選び、その番号を答えなさい。

CD 12 (1)
　　① 　　② 　　③ 　　④

CD 13 (2)
　　① 　　② 　　③ 　　④

CD 14 (3)
　　① 　　② 　　③ 　　④

CD 15 (4)
　　① 　　② 　　③ 　　④

CD 16 (5)
　　① 　　② 　　③ 　　④

中検3級ファイナルチェック

unit 3　第 **7** 日目　　　　　　　　　　解答：別冊 p.38

step 1　ドリル 〔副詞・助詞〕

1　次の漢字をピンインと声調に直し、日本語訳をしましょう。

1. 终于　　　　2. 洗澡　　　　3. 餐厅
_____　_____　_____

4. 发烧　　　　5. 传真　　　　6. 锻炼
_____　_____　_____

2　次の文を正しい語順に直し、日本語に訳しましょう。

1. 我们〔等，你，着，回来，都〕。
_____

2. 我〔的，是，飞机，坐，来〕。
_____

3. 你〔不要，最好，停车，在这里〕。
_____

3　次のピンインを簡体字に直し、日本語に訳しましょう。

1. Tā gāogāo xìngxing de shuō: "Wǒ yǒu nǚpéngyou le!"
_____

2. Jīntiān yǒudiǎnr rè.
_____

3. Jīntiān nǐ yòu chídào le.
_____

4. Tā hái huì shuō Fǎyǔ.
_____

5. Dōu shí diǎn le, tā hái bù qǐchuáng ne.
_____

6. Wèile nín de jiànkāng, bù gāi chī de bù néng zài chī le!
_____

26　中検3級ファイナルチェック

第 8 日目

step 2　検定形式問題　副詞・助詞

解答：別冊 p.40

1　(1)～(10) の中国語の空欄を埋めるのに最も適当なものを、それぞれ①～④の中から1つ選びなさい。　【1問1点】

(1) 妈！别气（　　）！
　　① 呢　② 了　③ 着　④ 吧

(2) 他也是从美国来（　　）吗?
　　① 了　② 吧　③ 才　④ 的

(3) 我老公喜欢躺（　　）看电视。
　　① 在　② 着　③ 呢　④ 过

(4) 这件事（　　）麻烦。
　　① 有点儿　② 一些　③ 一点儿　④ 一下

(5) 以后你不能（　　）这样做了。
　　① 还　② 再　③ 又　④ 才

(6) 你明天（　　）来不来?
　　① 又　② 才　③ 就　④ 还

(7) 今天工作非常多，晚上12点（　　）回家。
　　① 才　② 就　③ 还　④ 又

(8) 他的信我只是马马虎虎（　　）看了一下。
　　① 得　② 地　③ 的　④ 着

(9) 飞机平平安安（　　）到达目的地。
　　① 得　② 着　③ 地　④ 的

(10) 都九点了，哥哥还睡觉（　　）。
　　① 吧　② 了　③ 呢　④ 着

第 9 日目

→ 解答：別冊 p.42

step 3　リスニング　一問一答

　　(1) ～ (5) の中国語の問いを聞き、答えとして最も適当なものを、それぞれ①～④の中から1つ選び、その番号を答えなさい。

CD 17　(1)
　　　　①　　　　　②　　　　　③　　　　　④

CD 18　(2)
　　　　①　　　　　②　　　　　③　　　　　④

CD 19　(3)
　　　　①　　　　　②　　　　　③　　　　　④

CD 20　(4)
　　　　①　　　　　②　　　　　③　　　　　④

CD 21　(5)
　　　　①　　　　　②　　　　　③　　　　　④

unit 4　第 10 日目

解答：別冊 p.45

step 1　ドリル　方向補語／可能補語

1 次の漢字をピンインと声調に直し、日本語訳をしましょう。

1. 风景　　　2. 游览　　　3. 计划
_____　_____　_____

4. 顺便　　　5. 手续　　　6. 预定
_____　_____　_____

7. 签证　　　8. 讨论　　　9. 广告
_____　_____　_____

2 次の文を正しい語順に直し、日本語に訳しましょう。

1. 〔进，来，走，老师〕了。
_____

2. 他〔来，进，走，教室，了〕。
_____

3. 你今天〔得，十二点，回，以前，来〕吗？
_____

4. 那个包很大，〔不，放，得，进去，进去，放〕？
_____

5. 今天晚上六点你〔回，来，回，不，得，来〕？
_____

3 次の方向補語を伴う動詞フレーズに、それぞれ与えられた目的語を入れ、日本語の意味を書きましょう。

〔動詞フレーズ〕　〔目的語〕

例：进来	教室	⇒	进教室来	教室に入って来る
1. 进去	家	⇒	_____	_____
2. 买来	一个苹果	⇒	_____	_____
3. 爬上去	长城	⇒	_____	_____
4. 拿下来	一本杂志	⇒	_____	_____
5. 转过来	身	⇒	_____	_____

中検 3 級ファイナルチェック　29

第 11 日目

解答：別冊 p.47

step 2　検定形式問題　方向補語／可能補語

点

1　(1)～(5) の中国語と声調の組み合わせが同じものを、それぞれ①～④の中から１つ選びなさい。【1問1点】

(1) 风景　① 分别　② 天真　③ 包括　④ 充满
(2) 顺便　① 抱歉　② 改变　③ 地道　④ 措施
(3) 签证　① 业余　② 吸引　③ 关键　④ 危机
(4) 广告　① 矛盾　② 勇敢　③ 保证　④ 损失
(5) 游览　① 存在　② 营养　③ 缺少　④ 温暖

2　(6)～(10) の日本語の意味になるように、それぞれ①～④を並べ替えたとき、〔　〕内に入るものはどれか、最も適当なものを１つ選びなさい。【1問1点】

(6) こんなに多くのビールを飲めますか？
　　这么多啤酒 _____ 〔　　〕 _____ _____ ?
　　① 吗　② 下去　③ 喝　④ 得

(7) この荷物は重すぎて、一人では運べません。
　　这个行李太重了, _____ _____ 〔　　〕 _____ 。
　　① 不　② 搬　③ 动　④ 一个人

(8) この本は分厚すぎて、今週中には読み終えることができません。
　　这本书太厚了，这周内 _____ _____ 〔　　〕 _____ 。
　　① 完　② 我　③ 看　④ 不

(9) 寮に戻って彼女を探しましょう。
　　我们 _____ 〔　　〕 _____ _____ 她吧。
　　① 宿舍　② 回　③ 找　④ 去

(10) 彼は出て行きました。
　　他 _____ _____ 〔　　〕 _____ 。
　　① 出　② 走　③ 去　④ 了

第 12 日目

解答：別冊 p.51

step 3　リスニング　二人三話

　(1)～(5)のAとBの対話を聞き、Bの発話に続くAのことばとして最も適当なものを、それぞれ①～④の中から1つ選び、その番号を答えなさい。

CD 22　(1)
　　　①　　　　②　　　　③　　　　④

CD 23　(2)
　　　①　　　　②　　　　③　　　　④

CD 24　(3)
　　　①　　　　②　　　　③　　　　④

CD 25　(4)
　　　①　　　　②　　　　③　　　　④

CD 26　(5)
　　　①　　　　②　　　　③　　　　④

unit 5　第13日目

解答：別冊 p.54

step 1　ドリル　比較文

1 次の漢字をピンインと声調に直し、日本語訳をしましょう。

1. 抽烟　　　　2. 事故　　　　3. 交通
_____　　_____　　_____

4. 注意　　　　5. 安全　　　　6. 舒服
_____　　_____　　_____

7. 习惯　　　　8. 感冒　　　　9. 暖和
_____　　_____　　_____

2 次の絵にもとづいて、(　)内の指示により比較の形でいいましょう。

　这　　那
　五岁　十二岁

1. (肯　定)　这只猫_____大。
　 (否　定)　那只猫_____大。

2. (年齢差)　这个男孩儿_____。
　 (年齢差)　那个女孩儿_____。

3 次の文を正しい語順に直し、日本語に訳しましょう。

1. 〔高，妈妈，跟，姐姐，一样〕。
_____

2. 〔没有，大，俄罗斯的，中国的面积〕。
_____

3. 〔我家的猫，你家的，一点儿，大，比〕。
_____

4. 〔比，热，武汉的夏天，得多，东京的〕。
_____

5. 〔我的，汉语水平，他的，不如，高〕。
_____

32　中検3級ファイナルチェック

第 14 日目

step 2　検定形式問題　比較文

解答：別冊 p.56

点

1 (1)〜(5) の中国語と声調の組み合わせが同じものを、それぞれ①〜④の中から1つ選びなさい。　【1問1点】

(1) 抽烟　　① 医院　　② 气温　　③ 咳嗽　　④ 加班

(2) 事故　　① 马路　　② 预报　　③ 联系　　④ 交通

(3) 安全　　① 程度　　② 心脏　　③ 当时　　④ 安静

(4) 舒服　　① 尾巴　　② 交际　　③ 妻子　　④ 凉快

(5) 习惯　　① 感冒　　② 技术　　③ 迟到　　④ 停止

2 (6)〜(10) の中国語の空欄を埋めるのに最も適当なものを、それぞれ①〜④の中から1つ選びなさい。　【1問1点】

(6) 这家饭店（　　）那家饭店贵。
　　① 没有　　② 不　　③ 不太　　④ 比较

(7) 我的毛衣跟你的（　　）。
　　① 一起　　② 一样　　③ 一定　　④ 一点儿

(8) 这儿（　　）东京冷多了。
　　① 被　　② 比　　③ 把　　④ 没有

(9) 明天比今天（　　）热呢。
　　① 还　　② 很　　③ 不　　④ 非常

(10) 今年的比赛（　　）去年的好看。
　　① 不如　　② 不好　　③ 不像　　④ 不太

中検3級ファイナルチェック　33

第 15 日目

解答：別冊 p.59

step 3　リスニング　二人三話

　　(1) ～ (5) の中国語の問いを聞き、答えとして最も適当なものを、それぞれ①～④の中から 1 つ選び、その番号を答えなさい。

CD 27 (1)
　　　①　　　　　②　　　　　③　　　　　④

CD 28 (2)
　　　①　　　　　②　　　　　③　　　　　④

CD 29 (3)
　　　①　　　　　②　　　　　③　　　　　④

CD 30 (4)
　　　①　　　　　②　　　　　③　　　　　④

CD 31 (5)
　　　①　　　　　②　　　　　③　　　　　④

unit 6 第 16 日目

→ 解答：別冊 p.62

step 1　ドリル　"把"構文

1 次の漢字をピンインと声調に直し、日本語訳をしましょう。

1. 地址　　　　2. 精彩　　　　3. 欢送
_____　　_____　　_____

4. 旅游　　　　5. 按照　　　　6. 顾客
_____　　_____　　_____

2 次の文を正しい語順に直し、日本語に訳しましょう。

1. 小王〔带来，把，那本书，了〕。
_____　　_____

2. 请你〔传真，把，过去，发〕。
_____　　_____

3. 我〔他，把，送到，机场〕了。
_____　　_____

4. 我们〔那些活儿，把，能，干完〕。
_____　　_____

5. 我昨天〔把，做完，作业，没〕。
_____　　_____

3 例にならって、次の"把"構文【把＋目的語＋動詞＋在＋場所】を作り、日本語に訳しましょう。

例：名字　写　本子上
　⇒ 他把名字写在本子上了。　彼は名前をノートに書いた。

1. 课本　放　桌子上
　⇒ _____　_____

2. 钱包　忘　教室里
　⇒ _____　_____

3. 大衣　挂　衣架上
　⇒ _____　_____

中検 3 級ファイナルチェック

4 例にならって、次の"把"構文を受身の"被"構文に書き直しましょう。

例：小偷把我的钱包偷走了。　⇒　我的钱包被小偷偷走了。

1. 小妹妹把妈妈的手机弄丢了。　⇒　_____
2. 他把钱包忘在出租车上了。　⇒　_____
3. 我爸爸把收音机弄坏了。　⇒　_____

第 17 日目

step 2　検定形式問題　"把" 構文

解答：別冊 p.64

1 (1)〜(6) の日本語の意味に合う中国語を、それぞれ①〜④の中から1つ選びなさい。【1問1点】

(1) 私は携帯電話を失くしました。
① 我把手机弄丢了。
② 我弄把手机丢了。
③ 我把弄丢了手机。
④ 我把手机丢弄了。

(2) あなたはテーブルを綺麗に拭くべきです。
① 你把桌子应该擦干净。
② 你把桌子应该干净擦。
③ 你应该把桌子擦干净。
④ 你应该擦干净把桌子。

(3) 私たちはすでにその資料を持ち帰りました。
① 我们把已经那份资料拿走了。
② 我们已经把那份资料拿走了。
③ 我们把那份资料已经拿走了。
④ 我们已经拿走把那份资料了。

(4) 私はこのことを両親に言いたくありません。
① 我把这件事不想告诉父母。
② 我把不想这件事告诉父母。
③ 我把这件事告诉不想父母。
④ 我不想把这件事告诉父母。

中検 3 級ファイナルチェック　37

(5) 私はあなたを家まで送ります。
　　① 我把你送到家门口。
　　② 我把你送家门口到。
　　③ 我送到把你家门口。
　　④ 我把你家门口送到。

(6) 私は中国語を日本語に翻訳します。
　　① 我翻译把中文成日文。
　　② 我把中文成翻译日文。
　　③ 我把中文翻译成日文。
　　④ 我把中文翻译日文成。

2 **(1)～(4)の日本語を中国語に訳し、漢字（簡体字）で書きなさい。**
【1問1点】

(1) 私は宿題をやり終えた。

(2) 彼は昨日その事を張先生に言わなかった。

(3) 彼はその（コップに入った）牛乳を飲みほした。

(4) 私は今晩練習を終えなければ、休まない。

第 18 日目

step 3　リスニング　二人三話

　(1)〜(5) の A と B の対話を聞き、B の発話に続く A のことばとして最も適当なものを、それぞれ①〜④の中から 1 つ選び、その番号を答えなさい。

CD 32　(1)
　　　　①　　　　　②　　　　　③　　　　　④

CD 33　(2)
　　　　①　　　　　②　　　　　③　　　　　④

CD 34　(3)
　　　　①　　　　　②　　　　　③　　　　　④

CD 35　(4)
　　　　①　　　　　②　　　　　③　　　　　④

CD 36　(5)
　　　　①　　　　　②　　　　　③　　　　　④

中検 3 級ファイナルチェック　39

unit 7　第 19 日目

解答：別冊 p.70

step 1　ドリル　受動文／兼語文

1 次の漢字をピンインと声調に直し、日本語訳をしましょう。

1. 保证　　　　2. 准时　　　　3. 胶卷

4. 打扰　　　　5. 照顾　　　　6. 继续

2 次の文を正しい語順に直し、日本語に訳しましょう。

1. 〔被，撞伤，了，车，小王〕。

2. 〔碎，花瓶，打，了，被〕。

3. 那本书〔人，了，借走，可能，让〕。

4. 你昨天〔被，老师，吧，批评，没〕？

5. 爸爸〔我，不，让，卡拉 OK，去〕。

6. 〔去，妈妈，叫，买菜，姐姐〕。

7. 〔进步，学习，使，人〕。

8. 我们想〔讲，几句话，请，校长〕。

3 次の日本語を中国語に訳しましょう。

1. 私のパソコンは弟に壊された。

2. 会社は私を上海へ出張に行かせる。

40　中検 3 級ファイナルチェック

第20日目

step 2　検定形式問題　受動文／兼語文

1 (1)～(5)の中国語の空欄を埋めるのに最も適当なものを、それぞれ①～④の中から1つ選びなさい。【1問1点】

(1) 杂志（　　）他借走了。
　　① 到　　② 从　　③ 把　　④ 被
(2) 那张画（　　）小孩儿弄脏了。
　　① 叫　　② 使　　③ 把　　④ 对
(3) 我想（　　）你去寄信。
　　① 请　　② 比　　③ 把　　④ 被
(4) 你们不应该（　　）他去。
　　① 被　　② 派　　③ 把　　④ 使
(5) 我（　　）爷爷说了一顿。
　　① 被　　② 使　　③ 把　　④ 到

2 (6)～(10)の日本語の意味になるように、それぞれ①～④を並べ替えたとき、〔　　〕内に入るものはどれか、その番号を答えなさい。【1問1点】

(6) 医者は私にこの薬を飲ませない。
　　_____　〔_____〕　_____　_____　这种药。
　　① 我　　② 大夫　　③ 吃　　④ 不让
(7) 先生は私たちに宿題を提出させる。
　　老师　_____　〔_____〕　_____　_____。
　　① 叫　　② 交　　③ 作业　　④ 我们
(8) 私は彼にお願いして手伝いに来てもらう。
　　我　_____　〔_____〕　_____　_____。
　　① 来　　② 请　　③ 他　　④ 帮忙
(9) 私の財布は泥棒に盗まれました。
　　_____　〔_____〕　_____　_____　了。
　　① 被　　② 小偷　　③ 我的钱包　　④ 偷走
(10) 窓は風によって開けられました。
　　_____　_____　〔_____〕　_____　了。
　　① 让　　② 刮开　　③ 窗户　　④ 风

第 21 日目

解答：別冊 p.75

CD 37 **step 3** リスニング 会話
CD 38

　中国語を聞き、(1)～(5)の問いの答えとして最も適当なものを、それぞれ①～④の中から1つ選び、その番号を答えなさい。

> メモ欄

(1)～(5)の問いは音声のみで、文字の印刷はありません。

(1)
　　① 　　　　② 　　　　③ 　　　　④
(2)
　　① 　　　　② 　　　　③ 　　　　④
(3)
　　① 　　　　② 　　　　③ 　　　　④
(4)
　　① 　　　　② 　　　　③ 　　　　④
(5)
　　① 　　　　② 　　　　③ 　　　　④

unit 8　第 22 日

→ 解答：別冊 p.78

step 1　ドリル　[時量]

1　次の漢字をピンインと声調に直し、日本語訳をしましょう。

1. 游泳　　　　　2. 比赛　　　　　3. 散步

　_____　　_____　　_____

4. 旅行　　　　　5. 清楚　　　　　6. 提高

　_____　　_____　　_____

7. 收拾　　　　　8. 导游　　　　　9. 放心

　_____　　_____　　_____

2　次のピンインを簡体字に直し、日本語に訳しましょう。

1. Wǒ xiǎng zuò yíhuìr.
　_____　　_____

2. Nǐ xué Hànyǔ xuéle duō cháng shíjiān le?
　_____　　_____

3. Tāmen jiéhūn yí ge duō yuè le.
　_____　　_____

4. Tā kǎoshàng dàxué yì nián duō le.
　_____　　_____

5. Tā lái Zhōngguó bàn nián le.
　_____　　_____

3　下記の言葉を使って例のように文章を完成させましょう。

例：开会　一个半小时　→　① 我们开会开了一个半小时。
　　　　　　　　　　　　② 我们开了一个半小时（的）会。

1. 学汉语　半年　→　①_____。
　　　　　　　　　　②_____。

2. 看电影　两个小时　→　①_____。
　　　　　　　　　　　　②_____。

中検3級ファイナルチェック　43

第 23 日目

step 2　検定形式問題　[長文／時量]

解答：別冊 p.80

1 次の文章を読み、(1) ～ (4) の問いの答えとして最も適当なものを、それぞれ①～④の中から１つ選びなさい。【１問１点】

"绿色植物窗帘"

　　现在世界各国都大力推进环保行动。你的家庭，(1) 环保做过哪些事呢？我家每年快到夏天的时候，在房子的南侧和东侧种植"绿色植物窗帘"。"绿色植物窗帘"是在家里的窗外和外墙种植冲绳喇叭花等植物遮蔽射入室内阳光，(2) 节省开放空调冷气所需的能源。这期间，冲绳喇叭花每天早上开出美丽的紫色花朵，能缓解视觉疲劳和精神紧张。

　　虽然养花很辛苦，但也有养花的快乐。你用心照顾它们，就一定 (3) 有回报的。环境保护无小事，一切 (4) 我们身边做起。

＊喇叭花 lǎbahuā：アサガオ

(1) 空欄 (1) を埋めるのに適当なものは、次のどれか。
　　① 因为　② 为了　③ 由于　④ 因此

(2) 空欄 (2) を埋めるのに適当なものは、次のどれか。
　　① 但是　② 而且　③ 后来　④ 从而

(3) 空欄 (3) を埋めるのに適当なものは、次のどれか。
　　① 才　② 会　③ 能　④ 就

(4) 空欄 (4) を埋めるのに適当なものは、次のどれか。
　　① 从　② 对　③ 往　④ 在

2 (1) ～ (3) の日本語を中国語に訳し、漢字（簡体字）で書きなさい。
【１問２点】

(1) 少々お待ちください。

(2) 私はテレビを２時間見ました。

(3) 私は本を１時間読みました。

第 24 日目

解答：別冊 p.83

CD 39 step 3　リスニング 会話
CD 40

中国語を聞き、(1) ～ (5) の問いの答えとして最も適当なものを、それぞれ①～④の中から１つ選び、その番号を答えなさい。

メモ欄

(1) ～ (5) の問いは音声のみで、文字の印刷はありません。

(1)
　　① 　　　② 　　　③ 　　　④
(2)
　　① 　　　② 　　　③ 　　　④
(3)
　　① 　　　② 　　　③ 　　　④
(4)
　　① 　　　② 　　　③ 　　　④
(5)
　　① 　　　② 　　　③ 　　　④

中検３級ファイナルチェック　45

unit 9　第 **25** 日目　　　　　　　　　　　　解答：別冊 p.87

step 1　ドリル 〔動作の持続・進行／存現文〕

1　次の漢字をピンインと声調に直し、日本語訳をしましょう。

1. 或者　　　　　　2. 重新　　　　　　3. 出境
   _____　　　　_____　　　　_____

4. 耽误　　　　　　5. 结实　　　　　　6. 合适
   _____　　　　_____　　　　_____

2　次のピンインを簡体字に直し、日本語に訳しましょう。

1. Wǒ qù de shíhou, tā zhèng tǎngzhe kàn diànshì ne.
   _____　　_____

2. Yīguì li guàzhe hěn duō yīfu.
   _____　　_____

3. Tā méi názhe dōngxi.
   _____　　_____

4. Jiā li láile yí wèi kèrén.
   _____　　_____

5. Qiángshang tiēzhe yì zhāng Zhōngguó dìtú.
   _____　　_____

3　1～3の日本語の意味になるように、それぞれ①～④を並べ替えたとき、〔　〕に入るものはどれか、その番号を答えましょう。

1. 彼は手紙を書いています。
   他 _____ 〔　　〕 _____ _____ 。
   ①呢　②着　③写　④信

2. 本の上にあなたの名前は書いてありませんでした。
   书上 〔　　〕 _____ _____ _____ 的名字。
   ①你　②没　③写　④着

3. 壁に絵が1枚かけてあります。
   _____ 〔　　〕 _____ _____ 。
   ①一幅画　②挂　③着　④墙上

第 26 日目

解答：別冊 p.89

step 2　検定形式問題　長文／持続・進行／存現文

8点以上 優秀　6点以上 合格　5点以下 もう少し

　　点

1 次の文章を読み、(1)～(4) の問いの答えとして最も適当なものを、それぞれ①～④の中から1つ選びなさい。【1問2点】

　　每年年末，由我们一家人发起和邻居们共同举办捣年糕的活动。今年已经是第十三次了。刚开始的时候，我们都还没有工具，所以每次借用别人家的非常沉重的石臼和杵等一套工具。有一天，真的没想到，借　(1)　我们工具的那家人搬到我家的隔壁了。幸亏有他们，捣年糕大会的准备简单多了。每年，邻居们齐心协力，做各种好吃的年糕。夫人们挤在厨房里一起做出很多种馅的年糕。豆沙的、黄豆粉的、菜馅的。先生们在院子里点起炉火，准备年糕。孩子们用好奇的眼光看　(2)　捣年糕，脸上都洋溢着喜悦的笑容。参加人数一年比一年多。现在从小孩子　(3)　老人大约有八十多人参加。每年大会结束时，大家一起拍张合影，每个人都笑容满面。

　　一家人的幸福会汇聚成地域的和平、世界的和平。为了大家的笑容，我们一直坚持　(4)　。这就是我家的骄傲。

＊黄豆粉 huángdòufěn：きなこ

(1) 空欄 (1) を埋めるのに適当なものは、次のどれか。
　　① 给　② 在　③ 向　④ 对

(2) 空欄 (2) を埋めるのに適当なものは、次のどれか。
　　① 着　② 到　③ 出　④ 起来

(3) 空欄 (3) を埋めるのに適当なものは、次のどれか。
　　① 也　② 到　③ 又　④ 都

(4) 空欄 (4) を埋めるのに適当なものは、次のどれか。
　　① 下来　② 上去　③ 下去　④ 上来

2 (1)～(2) の日本語を中国語に訳し、漢字（简体字）で書きなさい。
【1問1点】

(1) 彼はちょうど今映画を見ているところです。

(2) 私たちのクラスに一人新しいクラスメートがやってきた。

第 27 日目

解答：別冊 p.92

CD 41
CD 42

step 3　リスニング　長文

　中国語を聞き、(1)～(5)の問いの答えとして最も適当なものを、それぞれ①～④の中から1つ選び、その番号を答えなさい。

メモ欄

---

(1) 姥姥今年多大岁数?
　　① 　　　② 　　　③ 　　　④

(2) 姥姥每天早起做什么?
　　① 　　　② 　　　③ 　　　④

(3) 姥姥为什么那么支持我呢?
　　① 　　　② 　　　③ 　　　④

(4) 姥姥年轻的时候的梦想是什么?
　　① 　　　② 　　　③ 　　　④

(5) 姥姥当时为什么要放弃学业?
　　① 　　　② 　　　③ 　　　④

第 28 日目

unit 10

解答：別冊 p.96

step 1　ドリル　複文

1 次の文を正しい語順に直し、日本語に訳しましょう。

1. 虽然我很喜欢弹吉他，〔弹，但是，不好，得〕。
   _____

2. 你〔不，是，回家，要，吗〕？
   _____

3. 〔既然，中国，来了〕，〔习惯，遵循，中国的，就〕
   _____

4. 〔关灯，睡觉，一，就，我〕。
   _____

5. 〔越来越，田中的，发音，了，好〕。
   _____

6. 〔工作，多，不管，辛苦〕，他都每天学习汉语。
   _____

7. 尽管你不同意，我〔意见，坚持，还是，自己的〕。
   _____

2 次の A 群と B 群を線でつなぎ意味の通る文にしましょう。

A 群	B 群
1. 只要买个质量好的空调・	・a. 但是最后还是答应了。
2. 除了小猫以外　　　・	・b. 我还喜欢熊猫。
3. 小王不但会开车　　・	・c. 我都要勇敢面对。
4. 他不是工人　　　　・	・d. 就行。
5. 不管遇到多大的困难・	・e. 而且还会修理汽车。
6. 既然来了　　　　　・	・f. 而是农民。
7. 尽管老板很不高兴　・	・g. 就多玩儿几天。

中検 3 級ファイナルチェック

第 29 日目

step 2 　検定形式問題　複文

解答：別冊 p.98

1 (1) ～ (5) の中国語の空欄を埋めるのに最も適当なものを、それぞれ①～④の中から１つ選びなさい。　【1問1点】

(1) 只要跟着小张走，大家（　　）不会迷路。
　　① 都　② 会　③ 才　④ 就

(2) （　　）天气不好，这次就算了吧。
　　① 只有　② 既然　③ 不管　④ 不但

(3) 只有她去（　　）能完成任务。
　　① 才　② 就　③ 都　④ 那么

(4) 他一起床（　　）去锻炼。
　　① 就　② 还　③ 都　④ 才

(5) 这种绿茶既好喝（　　）不贵。
　　① 又　② 就　③ 都　④ 才

2 (6) ～ (10) の日本語を中国語に訳し、漢字（簡体字）で書きなさい。
　　【1問1点】

(6) この本は私のでなければ彼のだ。

(7) 彼は中国だけでなく韓国にも行ったことがある（"(不但／不仅) ～而且"を使って）

(8) もし明日雨が降らなければ、私はあなたと一緒に行きます。

(9) 天気（気候）がますます寒くなる。

(10) あなたは車で行きますか、それとも地下鉄で行きますか。

第 30 日目

step 3　リスニング 長文

中国語を聞き、(1)～(5)の問いの答えとして最も適当なものを、それぞれ①～④の中から1つ選び、その番号を答えなさい。

```
メモ欄
```

(1) 大学三年级的时候，"我"去北京做什么？
　　①　　　　②　　　　③　　　　④

(2) 以下哪一项不是"我"对北京的印象？
　　①　　　　②　　　　③　　　　④

(3) 在谁的帮助下"我"习惯了坐公共汽车？
　　①　　　　②　　　　③　　　　④

(4) "我"为什么买月票了？
　　①　　　　②　　　　③　　　　④

(5) "我"坐公共汽车的时候为什么紧张？
　　①　　　　②　　　　③　　　　④

中国語検定 3級 第2回実力問題

解答：別冊 p.103

リスニング　　　　／100

1

CD 45　1．(1)〜(5)の中国語の問いを聞き、答えとして最も適当なものを、それぞれ①〜④の中から1つ選び、その番号を答えなさい。　　(25点)

(1)　①　②　③　④

(2)　①　②　③　④

(3)　①　②　③　④

(4)　①　②　③　④

(5)　①　②　③　④

CD 46　2．(6)〜(10)のAとBの対話を聞き、Bの発話に続くAのことばとして最も適当なものを、それぞれ①〜④の中から1つ選び、その番号を答えなさい。　　(25点)

(6)　①　②　③　④

(7)　①　②　③　④

(8)　①　②　③　④

(9)　①　②　③　④

(10)　①　②　③　④

中検3級ファイナルチェック

2　中国語を聞き、(1) ～ (10) の問いの答えとして最も適当なものを、それぞれ①～④の中から1つ選び、その番号を答えなさい。　(50点)

CD 47
CD 48

メモ欄

(1) ～ (5) の問いは音声のみで、文字の印刷はありません。

(1)
　　① 　　　② 　　　③ 　　　④
(2)
　　① 　　　② 　　　③ 　　　④
(3)
　　① 　　　② 　　　③ 　　　④
(4)
　　① 　　　② 　　　③ 　　　④
(5)
　　① 　　　② 　　　③ 　　　④

CD 49
CD 50

メモ欄

(6) 我跟谁去旅行了?
　　① 　　　② 　　　③ 　　　④
(7) 今年为什么去静冈县了?
　　① 　　　② 　　　③ 　　　④
(8) 中午吃什么了?
　　① 　　　② 　　　③ 　　　④
(9) 橘子的味道怎么样?
　　① 　　　② 　　　③ 　　　④
(10) 以下哪一个顺序是正确的?
　　① 　　　② 　　　③ 　　　④

筆 記　　　　　　　　　/100

1

1. (1)～(5)の中国語と声調の組み合わせが同じものを、それぞれ①～④の中から1つ選びなさい。　　　　　　　　　　　　　　（10点）

(1) 祝贺　　① 正确　　② 中药　　③ 职业　　④ 特点

(2) 尊敬　　① 需要　　② 因此　　③ 随便　　④ 一半

(3) 原谅　　① 利用　　② 名胜　　③ 结果　　④ 教育

(4) 演员　　① 美元　　② 幸福　　③ 事实　　④ 家庭

(5) 虽然　　① 丰富　　② 约会　　③ 翻译　　④ 精神

2. (6)～(10)の中国語の正しいピンイン表記を、それぞれ①～④の中から1つ選びなさい。　　　　　　　　　　　　　　　　　　（20点）

(6) 方式　　① fānshì　　② fāngxì　　③ fānxì　　④ fāngshì

(7) 纪录　　① jìrù　　② jìlú　　③ jìlù　　④ jìrú

(8) 重点　　① zhòngtiǎn　　② chóngtiǎn　　③ zhòngdiǎn
　　　　　　④ chóngdiǎn

(9) 精彩　　① jīngcǎi　　② qīngcǎi　　③ qīngcái　　④ jīngcái

(10) 地球　　① dìqiu　　② dìqiú　　③ díqiú　　④ díqiū

中検3級ファイナルチェック　55

2 (1)～(10)の中国語の空欄を埋めるのに最も適当なものを、それぞれ①～④の中から1つ選びなさい。　　　　　　　　(20点)

(1) 我想休息一（　　）时间。
　　① 批　② 段　③ 首　④ 套

(2) 我家养了一（　　）活泼可爱的小金鱼，我给它起名红红。
　　① 条　② 部　③ 块　④ 匹

(3) （　　）我到学校时，老师已经开始上课了。
　　① 马上　② 由于　③ 从来　④ 当

(4) 这件事（　　）我们来说是一个教训。
　　① 向　② 关于　③ 以　④ 对

(5) （　　）有你，我的生活因而变得更加充实了。
　　① 差点儿　② 忽然　③ 多亏　④ 恐怕

(6) 小李这次考试没怎么复习，（　　）考得很差。
　　① 果然　② 难道　③ 已经　④ 原来

(7) 这个问题很难找（　　）解决办法。
　　① 好　② 成　③ 到　④ 完

(8) 学好中文，说（　　）容易，做（　　）难。
　　① 起来　② 下去　③ 过来　④ 出来

(9) 田中今天没来上课，不是生病了，（　　）有事吧。
　　① 就是　② 但是　③ 都　④ 而是

(10) （　　）骑自行车（　　）打伞是很危险的。
　　① 越……越　　　② 一边……一边
　　③ 或者……或者　④ 先……后

3 1．(1) ～ (5) の日本語の意味に合う中国語を、それぞれ①～④の中から1つ選びなさい。　　　　　　　　　　　　　　　　　(10点)

(1) 机の上にラジオが置いてある。
　　① 桌子上放收音机着。
　　② 收音机桌子上放着。
　　③ 桌子上放着收音机。
　　④ 桌子放上着收音机。

(2) どんなに困難であってもマスターしなければならない。
　　① 不管困难多也得学会。
　　② 不管多困难得也学会。
　　③ 不管多困难也得学会。
　　④ 不管困难多得也学会。

(3) 私たちはもう1時間歩いています。
　　① 我们已经走了一个小时了。
　　② 我们走了已经一个小时了。
　　③ 我们已经一个小时走了了。
　　④ 我们走了一个小时已经了。

(4) この服は大きく作りすぎました。
　　① 这件衣服大做了。
　　② 这件衣服做大了。
　　③ 这件衣服做了大。
　　④ 这衣服做大件了。

(5) 私の弟が買ったスマートフォンは椅子の上にあります。
　　① 椅子上我弟弟买的智能手机在。
　　② 智能手机我弟弟买的在椅子上。
　　③ 我弟弟买智能的手机在椅子上。
　　④ 我弟弟买的智能手机在椅子上。

2. (6)～(10)の日本語の意味になるように、それぞれ①～④を並べ替えたとき、〔　〕内に入るものはどれか、その番号を答えなさい。

(10点)

(6) 彼女は漢字を書くのが上手だ。
　　她写 _____ _____ 〔_____〕 _____ _____ 。
　　① 很好　② 得　③ 写　④ 汉字

(7) 私は上司に批判されませんでした。
　　我 _____ _____ 〔_____〕 _____ 。
　　① 上级　② 批评　③ 没有　④ 被

(8) 机の上にはたくさんの本が並んでいます。
　　〔_____〕 _____ _____ _____ 。
　　① 摆　② 很多书　③ 着　④ 桌子上

(9) 私たちの宿舎から1人の学生が引っ越して行きました。
　　〔_____〕 _____ _____ _____ 。
　　① 一个学生　② 了　③ 我们宿舍　④ 搬走

(10) 山田先生は私たちに文法を教えています。
　　_____ _____ _____ 〔_____〕。
　　① 语法　② 教　③ 我们　④ 高桥老师

4　次の文章を読み、(1)～(6)の問いの答えとして最も適当なものを、それぞれ①～④の中から1つ選びなさい。　　　　　　　　(20点)

　2011年3月11日，在东日本发生了大地震。震灾当日，____(1)____ 营救队的一员我去了宫城县。现地受到了严重的地震和海啸的灾害，很多人等待着我们的救助。以下是我在避难所的经历。在那里有很多小孩儿和老人，因为生活不方便和食物不足，大家感到很有压力，特别累。就连我自己不眠不休地营救，感到很累，没有精神。

　____(2)____ 这种 ____(2)____，有一个女孩子，看 ____(3)____ 还是小学生，对我说："累了吧？　这块糖给你，请你去救助更多的人。"她把糖给我了。在那个时候糖也是很宝贵的食物。我很惭愧感到那么累。因为我发现连那么小的孩子都 (4)能够为大家着想。

　也许遭受灾害的人们不能完全抹去失去重要的人和自己家的悲伤心情。____(5)____ 为了那样有爱心的孩子，我决定努力做自己能做的事。

(1) 空欄(1)を埋めるのに適当なものは、次のどれか。
　　① 由于　　② 作为　　③ 对　　④ 通过

(2) 空欄(2)を埋めるのに適当なものは、次のどれか。
　　① 在……上　　　　② 对……来说
　　③ 在……过程中　　④ 在……情况下

(3) 空欄(3)を埋めるのに適当なものは、次のどれか。
　　① 过来　　② 出来　　③ 上去　　④ 下来

(4) 下線部(4)の解釈として正しいものを選びなさい。
　　①みんなのために貢献できる。
　　②みんなのために心を痛める。
　　③みんなのためになることを考えられる。
　　④みんなのためになることを頑張れる。

(5) 空欄 (5) を埋めるのに適当なものは、次のどれか。
 ① 而且 ② 但 ③ 因此 ④ 到底

(6) 本文の内容に合うものは、次のどれか。
 ① 在避难所的人都比较乐观。
 ② 女孩子给我了一块饼干。
 ③ 因为我吃不到糖，所以感到很惭愧。
 ④ 女孩子希望我救助更多的人。

5 (1)～(5)の日本語を中国語に訳し、漢字（簡体字）で解答欄に書きなさい。　　　　　　　　　　　　　　　　　　　　　　　　（20点）

(1) もし今晩時間があれば、一緒に映画を見に行きましょう。

(2) 壁に日本地図が1枚掛けてあります。

(3) あなたの家は学校から遠いですか。

(4) 声が小さすぎてよく聞こえない。

(5) 彼が行ってはじめて問題を解決することができます。

● 著 者 ●
山田 留里子
長野 由季　㈱ヒューマンサービス 中国語講座楽学 講師
賀　南　　長崎外国語大学 非常勤講師

1日15分でできる！
中検3級ファイナルチェック　MP3対応 CD-ROM付

2015年1月30日　初版1刷発行

著者	山田 留里子／長野 由季／賀 南
装丁・本文デザイン	die
イラスト	小熊 未央
ナレーション	李 軼倫／翟 啓麗
DTP	株式会社フォレスト
印刷・製本	精文堂印刷株式会社
CD-ROM 制作	株式会社中録新社
発行	株式会社 駿河台出版社
	〒101-0062 東京都千代田区神田駿河台3-7
	TEL03-3291-1676　FAX03-3291-1675
	http://www.e-surugadai.com
発行人	井田洋二

許可なしに転載、複製することを禁じます。落丁本、乱丁本はお取り替えいたします。

Printed in Japan
ISBN　978-4-411-03095-5　C1087

別冊
解答と解説

1日15分でできる！

中検 3級
ファイナルチェック

山田 留理子・長野 由季・賀 南

駿河台出版社
SURUGADAI SHUPPANSHA

中国語検定3級　第1回実力問題　解答＆解説

リスニング　　／100

CD 01　**1**　一問一答

(1) 你的房间又干净又漂亮，今天谁来啊?
　　Nǐ de fángjiān yòu gānjìng yòu piàoliang, jīntiān shéi lái a?
　　あなたの部屋は清潔で綺麗ですね。今日誰か来るのですか。
　　①今天是我的生日。　Jīntiān shì wǒ de shēngri.
　　　今日は私の誕生日です。
　　②她的爱好是打扫房间。　Tā de àihào shì dǎsǎo fángjiān.
　　　彼女の趣味は部屋の掃除です。
　　③我的房间很小。我要更大的。
　　　Wǒ de fángjiān hěn xiǎo. Wǒ yào gèng dà de.
　　　私の部屋はとても小さいです。もっと大きな部屋が欲しいです。
　　❹没有人来。新年快到了。
　　　Méiyǒu rén lái. Xīnnián kuài dào le.
　　　誰も来ません。お正月がもうすぐ来ます。

　　解説　「部屋が綺麗なので、誰か来るのか」を尋ねられていますが、実際「誰かが来るのではなく、お正月の準備をしている」と答えている④が正解です。

(2) 请问，他什么时候回来?　Qǐngwèn, tā shénme shíhou huílai?
　　すみません、彼はいつ帰ってきますか。
　　❶这可说不好。　Zhè kě shuōbùhǎo.　それはなんとも言えません。
　　②我昨天去学校了。　Wǒ zuótiān qù xuéxiào le.
　　　私は昨日学校へ行きました。
　　③他今晚给我们做饭。　Tā jīnwǎn gěi wǒmen zuòfàn.
　　　彼は今晩私たちにご飯を作ってくれます。
　　④他打算明年去留学。　Tā dǎsuan míngnián qù liúxué.
　　　彼は来年留学の予定です。

　　解説　"什么时候回来?"「いつ帰ってくるか」を尋ねられているので、"说不好"「はっきり言えない」と答えている①が正解です。

中検3級ファイナルチェック　　1

(3) 我说的话，你能听懂吗？　Wǒ shuō de huà, nǐ néng tīngdǒng ma?
私が話している言葉はわかりますか。
　　①我正在听音乐。　Wǒ zhèngzài tīng yīnyuè.
　　　私は今音楽を聞いています。
　　②你说的话，他明白了。　Nǐ shuō de huà, tā míngbai le.
　　　あなたが話したことは、彼はわかりました。
　　❸慢点儿说，我听得懂。　Màn diǎnr shuō, wǒ tīng de dǒng.
　　　ゆっくり言ってもらえればわかります。
　　④听不清楚的人请举手。　Tīng bù qīngchu de rén qǐng jǔshǒu.
　　　はっきり聞こえない人は手を挙げてください。

> 解説　"能听懂吗?"「聞いてわかるか」を尋ねられているので、「ゆっくり言ってもらえればわかる」と答えている③が正解です。

(4) 请问，这儿能不能换钱？　Qǐngwèn, zhèr néng bu néng huànqián?
すみません、ここで換金できますか。
　　①这儿可以抽烟。　Zhèr kěyǐ chōuyān.
　　　ここでタバコを吸ってもかまいません。
　　❷能。您带的什么钱？　Néng. Nín dài de shénme qián?
　　　いいですよ。どのお金を持ってこられましたか。
　　③这儿能取钱。　Zhèr néng qǔ qián.
　　　ここでお金を下ろすことができます。
　　④那是银行。我带你去吧。　Nà shì yínháng. Wǒ dài nǐ qù ba.
　　　あれは銀行です。私があなたを連れていきましょう。

> 解説　"换钱"「換金」を聞き取ることがポイントです。"带的什么钱?"「どのお金を持って来たか」と日本円、人民元、アメリカドルなど、お金の種類を尋ねている②が正解です。

(5) 是不是你出差没关窗户？　Shì bu shì nǐ chūchāi méi guān chuānghu?
もしかして出張に行く時に窓を閉めなかったのですか。
　　①天啊，没关门，怎么办！　Tiān a, méi guānmén, zěnme bàn!
　　　わぁ、ドアを閉めませんでした、どうしよう！
　　②我打算去上海出差。　Wǒ dǎsuan qù Shànghǎi chūchāi.
　　　私は上海へ出張にいく予定です。

❸哎呀，忘关了，真糟糕！　Āi ya, wàng guān le, zhēn zāogāo!
あれ、閉め忘れました。しまった！

④哎呀，我忘带钥匙了。　Āi ya, wǒ wàng dài yàoshi le.
あれ、鍵を持ってくるのを忘れました。

解説　"没关窗户？"「窓を閉めなかったか」を尋ねられているので、③が正解です。①は"门"「ドア」なので不正解です。

2　二人三話

(6) A：快放暑假了，你打算到哪儿玩儿?
　　　Kuài fàng shǔjià le, nǐ dǎsuan dào nǎr wánr?
　　　もうすぐ夏休みですね。どこに遊びに行く予定ですか。

　　B：我不知道哪里好玩儿，你有什么建议吗?
　　　Wǒ bù zhīdào nǎli hǎowánr, nǐ yǒu shénme jiànyì ma?
　　　どこが見どころかわからないのですが、何か提案はありませんか。

　　A：①我们坐八点的火车，怎么样?
　　　　Wǒmen zuò bādiǎn de huǒchē, zěnmeyàng?
　　　　私たちは八時の電車に乗るのはどうでしょうか。

　　　②完了，我暑假作业估计做不完了!
　　　　Wán le, wǒ shǔjià zuòyè gūjì zuò bu wán le!
　　　　しまった、夏休みの宿題が終わらなさそうだ。

　　　③天气这么冷怎么还出去玩儿呢?
　　　　Tiānqì zhème lěng zěnme hái chūqu wánr ne?
　　　　こんなに寒いのにどうして外へ遊びに行くのですか。

　　　❹你可以去桂林看看，那里风景非常美。
　　　　Nǐ kěyǐ qù Guìlín kànkan, nàli fēngjǐng fēicháng měi.
　　　　桂林へ行くと良いですよ、あそこの風景はとても美しいです。

解説　見どころを尋ねられているので、④が正解です。

(7) A：有没有到北京的车?　Yǒu méiyǒu dào Běijīng de chē?
　　　北京へ行く車はありませんか。

　　B：有，要什么时候的?　Yǒu, yào shénme shíhou de?
　　　ありますよ。何時のですか。

A：①去北京的。　Qù Běijīng de.
　　　北京へ行くものです。
　　❷越早越好。　Yuè zǎo yuè hǎo.　早ければ早いほどいいです。
　　③七十块钱的。　Qīshí kuài qián de.　７０元のです。
　　④越便宜越好。　Yuè piányi yuè hǎo.　安ければ安いほどいいです。

解説　時間を尋ねられているので、②が正解です。

(8) A：我把电脑的密码忘了，怎么办啊？
　　　Wǒ bǎ diànnǎo de mìmǎ wàng le, zěnme bàn a?
　　　パソコンのパスワードを忘れてしまいました。どうしましょう。

　　B：别着急，我有一个好主意。　Bié zháojí, wǒ yǒu yí ge hǎo zhǔyì.
　　　焦らないで、いい考えがあります。

　　A：①这个电影不怎么样。　Zhège diànyǐng bù zěnmeyàng.
　　　　この映画はちっとも面白くありません。
　　　❷你有什么办法，快说吧。　Nǐ yǒu shénme bànfǎ, kuài shuō ba.
　　　　どんな考えがあるんですか、早く教えてください。
　　　③这台电脑不能上网。　Zhè tái diànnǎo bù néng shàngwǎng.
　　　　このパソコンはインターネットができません。
　　　④请告诉我你的密码。　Qǐng gàosu wǒ nǐ de mìmǎ.
　　　　私にあなたのパスワードを教えてください。

解説　B「いい考えがある」と言っているので、その考えを早く教えてもらえるよう促す②が正解です。

(9) A：你最近瘦了很多，工作很辛苦吗？
　　　Nǐ zuìjìn shòu le hěn duō, gōngzuò hěn xīnkǔ ma?
　　　最近かなり痩せましたね。仕事が大変なんですか。

　　B：不是，以前太胖了，我正在减肥。
　　　Bú shì, yǐqián tài pàng le, wǒ zhèngzài jiǎnféi.
　　　いいえ、前は太りすぎていたので、ダイエットをしているのです。

　　A：❶原来是这样，你不胖，不用减肥。
　　　　Yuánlái shì zhèyàng, nǐ bú pàng, búyòng jiǎnféi.
　　　　そういうことですか、太っていませんから、ダイエットなんて要りませんよ。

②你太胖了，怎么不减肥呢？
　　Nǐ tài pàng le, zěnme bù jiǎnféi ne?
　　あなたは太りすぎですね。どうしてダイエットをしないのですか。
③只要工作不要太忙太累就好。
　　Zhǐyào gōngzuò bú yào tài máng tài lèi jiù hǎo.
　　仕事が忙しすぎず、疲れすぎなければ、それでいいです。
④生活是要慢慢体会的。　Shēnghuó shì yào mànmàn tǐhuì de.
　　生活はゆっくりと味わうものです。

> **解説**　"减肥"「ダイエット」を聞き取ることがポイントです。

(10) A：晚饭做好了，准备吃饭了。　Wǎnfàn zuòhǎo le, zhǔnbèi chīfàn le.
　　夕飯ができたよ。ご飯にしましょう。
　　B：等一会儿，电视剧还有五分钟就结束了。
　　Děng yíhuìr, diànshìjù háiyǒu wǔ fēnzhōng jiù jiéshù le.
　　ちょっと待って、テレビドラマがあと五分で終わるから。
　　A：①你来看看就知道了。　Nǐ lái kànkan jiù zhīdao le.
　　　　ちょっと見に来たらすぐわかります。
　　　②你还在看电影吗？　Nǐ hái zài kàn diànyǐng ma?
　　　　まだ映画を見ているのですか。
　　　③快点儿吧，电视剧马上就要开始了。
　　　　Kuài diǎnr ba, diànshìjù mǎshàng jiùyào kāishǐ le.
　　　　早く。テレビドラマがもうすぐ始まります。
　　　❹快点儿吧，菜凉了就不好吃了。
　　　　Kuài diǎnr ba, cài liángle jiù bù hǎochī le.
　　　　早く。料理が冷めたら美味しくなくなります。

> **解説**　食事ができたから熱いうちに食べるよう促す内容の④が正解です。

2 長文聴解

(1)～(5)（会話）减肥的好方法

発音

女：小王，你好！好久不见。　　　Xiǎo Wáng, nǐ hǎo! Hǎojiǔ bú jiàn.

男：这不是田中吗？
　　到这儿来买东西吗？
女：是啊。这家超市就在我家附近。
　　这里的蔬菜又新鲜又便宜。
　　我两三天就来一次。
男：我是第一次来。前两天
　　听朋友说起这家超市，
　　今天回家路上顺便来看看。
女：几个月没见面，
　　你好像瘦了一点儿吧？
　　最近工作忙不忙？
男：工作不太忙。
　　上次检查身体的时候，
　　医生说我应该减减肥了。
女：是吗？原来你正在减肥啊。
男：对。除了每天要多做运动，

　　医生还教了我一个减肥的好方法。
女：什么好方法？
　　你也告诉我一下儿。
男：医生说，吃饭的时候
　　要先吃蔬菜，
　　然后再吃肉类和米饭。
女：先吃米饭不行吗？
男：不行。因为只有按照这样的
　　顺序吃，才可以防止血液中
　　糖分的上升，避免发胖。
女：是这样啊。挺有道理的。
男：我三个月就瘦了两公斤。

Zhè bú shì Tiánzhōng ma?
Dào zhèr lái mai dōngxi ma?
Shì a. Zhè jiā chāoshì jiù zài wǒjiā fùjìn.
Zhèli de shūcài yòu xīnxiān yòu piányi.
Wǒ liǎng sān tiān jiù lái yí cì.
Wǒ shì dì-yī cì lái. Qián liǎng tiān
tīng péngyou shuōqi zhè jiā chāoshì,
Jīntiān huíjiā lùshang shùnbiàn lái kànkan.
jǐ ge yuè méi jiànmiàn,
nǐ hǎoxiàng shòule yìdiǎnr ba?
Zùijìn gōngzuò máng bu máng?
Gōngzuò bú tài máng.
Shàngcì jiǎnchá shēntǐ de shíhou,
yīshēng shuō wǒ yīnggāi jiǎnjian féi le.
Shì ma? Yuánlái nǐ zhèngzài jiǎnféi a.
Duì. Chúle měitiān yào duō zuò yùndòng,
yīshēng hái jiāole wǒ yí ge jiǎnféi de hǎo fāngfǎ.
Shénme hǎo fāngfǎ?
Nǐ yě gàosu wǒ yíxiàr.
Yīshēng shuō, chīfàn de shíhou
yào xiān chī shūcài,
ránhòu zài chī ròulèi hé mǐfàn.
Xiān chī mǐfàn bùxíng ma?
Bùxíng. Yīnwèi zhǐyǒu ànzhào zhèyàng de shùnxù chī, cái kěyǐ fángzhǐ xuèyè zhōng tángfèn de shàngshēng, bìmiǎn fāpàng.
Shì zhèyàng a. Tǐng yǒu dàoli de.
Wǒ sān ge yuè jiù shòule liǎng gōngjīn.

	你也可以试试。	Nǐ yě kěyǐ shìshi.
女：	效果这么好。那我也试试吧。	Xiàoguǒ zhème hǎo. Nà wǒ yě shìshi ba.
	你以后更得多来这儿买蔬菜了。	Nǐ yǐhòu gèng děi duō lái zhèr mǎi shūcài le.
男：	我一定常来。再见。	Wǒ yídìng cháng lái. Zàijiàn.
女：	谢谢你教我的减肥法，再见。	Xièxie nǐ jiāo wǒ de jiǎnféi fǎ, zàijiàn.

場面 田中さん（女）は家の近所のスーパーで久しぶりに王さん（男）に会って、新しいダイエットの方法を聞きました。

日本語訳

女：王さん、こんにちは。お久しぶりです。

男：田中さんじゃないですか。買い物に来たのですか？

女：そうです。このスーパーの野菜は新鮮でおいしいので、2、3日に一度（の割合で）来ています。

男：私は初めてここに来ました。先日友達からこのスーパーのことを聞いて、今日家に帰る途中で寄ってみました。

女：何か月か会わないうちに、少し痩せたのではないですか？最近お仕事が忙しいですか？

男：仕事はあまり忙しくないです。前回の健康診断で、お医者さんからダイエットしたほうがいいと言われました。

女：そうですか、今ダイエットをされているですね。

男：はい。毎日多めに運動するほか、お医者さんがいいダイエットの方法を教えてくれました。

女：どんな方法ですか？私にも教えてください。

男：医者によると、食事を取るときに、まず野菜を食べてから、肉類とご飯を食べるとのことです。

女：先にご飯を食べたらだめですか？

男：だめです。このような順番に沿って食べてはじめて、血糖値の上昇を防ぐことができ、太ることを避けられるからです。

女：なるほど。かなり筋が通っていますね。

男：私は3か月で2キロも痩せました。あなたも試してみたら。

女：結構な効果がありますね。それでは私もやってみます。これからもっとここに来て野菜を買わなくてはね。

男：必ずよく来ます。ではまたね。

女：良いダイエットの方法を教えてくれてありがとう。またね。

(1) 問：女的在哪儿遇见了男的?

　　　Nǚ de zài nǎr yùjiàn le nán de?

　　　女性はどこで男性を見かけましたか。

　答：①自己家门口。　Zìjǐ jiā ménkǒu.　自宅の前。

　　　②医院。　Yīyuàn.　病院。

　　　❸超市。　Chāoshì.　スーパーマーケット。

　　　④菜市场。　Cài shìchǎng.　市場。

　解説　"这家超市"とあるので、女性はスーパーマーケットで男性を見かけました。

(2) 問：女的多长时间来这里一次?

　　　Nǚ de duō cháng shíjiān lái zhèli yí cì?

　　　女性は週に何回の割合でここに来ていますか。

　答：①第一次来。　Dì-yī cì lái.　初めて来た。

　　　❷两三天来一次。　Liǎng sān tiān lái yí cì.

　　　二三日に一度の割合で来ています。

　　　③每天都来。　Měitiān dōu lái.　毎日来ます。

　　　④每个星期来一次。　Měi ge xīngqī lái yí cì.

　　　毎週一度の割合で来ています。

　解説　"我两三天就来一次"とあるので、②が正解です。

(3) 問：男的最近怎么样?

　　　Nán de zuìjìn zěnmeyàng?

　　　男性は最近どうですか。

　答：①工作有点儿忙。　Gōngzuò yǒudiǎnr máng.　仕事が少し忙しい。

　　　②经常去医院。　Jīngcháng qù yīyuàn.　よく病院に行く。

　　　③不经常做运动。　Bù jīngcháng zuò yùndòng.　あまり運動しない。

　　　❹减肥很成功。　Jiǎnféi hěn chénggōng.　ダイエットが成功した。

解説 ▶ "工作不太忙……每天要多做运动……三个月就瘦了两公斤"とあるので、④が正解です。

(4) 問：根据医生的说法，以下哪一个是正确的吃饭顺序？

Gēnjù yīshēng de shuōfǎ, yǐxià nǎ yí ge shì zhèngquè de chīfàn shùnxù?

お医者さんの説によれば、食事を取るには以下のどの順番が正しいですか。

答：①米饭⇒肉类⇒蔬菜。　Mǐfàn ⇒ Ròulèi ⇒ Shūcài.　ご飯⇒肉類⇒野菜。
　　❷蔬菜⇒肉类⇒米饭。　Shūcài ⇒ Ròulèi ⇒ Mǐfàn.　野菜⇒肉類⇒ご飯。
　　③米饭⇒蔬菜⇒肉类。　Mǐfàn ⇒ Shūcài ⇒ Ròulèi.　ご飯⇒野菜⇒肉類。
　　④肉类⇒米饭⇒蔬菜。　Ròulèi ⇒ Mǐfàn ⇒ Shūcài.　肉類⇒ご飯⇒野菜。

解説 ▶ "医生说，吃饭的时候要先吃蔬菜，然后再吃肉类和米饭。"とあるので、②が正解です。

(5) 問：男的买完东西之后去哪儿？

Nán de mǎiwán dōngxi zhī hòu qù nǎr?

男性は買い物が終わってからどこに行きますか。

答：①公司。　Gōngsī.　会社。
　　②医院。　Yīyuàn.　病院。
　　❸回家。　Huíjiā.　帰宅。
　　④饭馆。　Fànguǎn.　飲食店。

解説 ▶ "今天回家路上顺便来看看。"とあるので、③が正解です。

(6) ～ (10) リスニング（長文）

去年，我第一次去中国旅行。在北京的万里长城，当我登上城墙时，极好的景色突然出现在我的眼前。还有，在餐厅吃的北京烤鸭非常好吃。此后，参观了天安门广场和故宫，接着去了天津。出租车和自行车的数量很多，这和日本很不一样。

在天津去市场的时候，市场的人尽管都是第一次见面，但对我都非常友好，我感到非常高兴。还有，我参观了周恩来邓颖超纪念馆。在纪念馆看到他们的遗物和照片时，觉得"为人民服务"的精神很重要。我还了解到周恩来夫妻没有孩子，不过他们把中国的所有孩子当作自己的孩子，并非常地重视孩子们的教育。另外，这个纪念馆的院子里有日本友人种的樱花，这盛开的漂亮的樱花也给我留下了深刻的印象。

> 発音

　Qùnián, wǒ dì-yī cì qù Zhōngguó lǚxíng. Zài Běijīng de Wànlǐ Chángchéng, dāng wǒ dēngshàng chéngqiáng shí, jí hǎo de jǐngsè tūrán chūxiàn zài wǒ de yǎnqián. Háiyǒu, zài cāntīng chī de Běijīng kǎoyā fēicháng hǎochī. Cǐhòu, cānguānle Tiān'ānmén Guǎngchǎng hé Gùgōng, jiēzhe qùle Tiānjīn. Chūzūchē hé zìxíngchē de shùliàng hěn duō, zhè hé Rìběn hěn bù yíyàng.

　Zài Tiānjīn qù shìchǎng de shíhou, shìchǎng de rén jǐnguǎn dōu shì dì-yī cì jiànmiàn, dàn duì wǒ dōu fēicháng yǒuhǎo, wǒ gǎndào fēicháng gāoxìng. Háiyǒu, wǒ cānguānle Zhōu Ēnlái Dèng Yǐngchāo Jìniànguǎn. Zài Jìniànguǎn kàndào tāmen de yíwù hé zhàopiàn shí, juéde "Wèi rénmín fúwù" de jīngshén hěn zhòngyào. Wǒ hái liǎojiědào Zhōu Ēnlái fūqī méiyǒu háizi, búguò tāmen bǎ Zhōngguó de suǒyǒu háizi dāngzuò zìjǐ de háizi, bìng fēicháng de zhòngshì háizimen de jiàoyù. Lìngwài, zhège Jìniànguǎn de yuànzi li yǒu Rìběn yǒurén zhòng de yīnghuā, zhè shèngkāi de piàoliang de yīnghuā yě gěi wǒ liúxiàle shēnkè de yìnxiàng.

> 場面　「中国旅行について」

> 日本語訳

　去年、私は初めて中国旅行に行きました。北京では万里の長城に行き、階段を上っていくとそこには素晴らしい景色が広がっていました。また、レストランで食べた北京ダックはとても美味しかったです。その後、天安門広場や故宮を見学し、天津へ移動しました。交通機関における日本との違いは、タクシーと自転車が多いことです。

　天津で市場に行くと、初めて会ったにもかかわらず、親しみを込めて接してもらえ、とても嬉しかったです。そして、周恩来記念館を見学。周総理と鄧穎超夫人の遺品や写真を拝見し、感じたことは、人のために尽くすことの重要さです。周総理夫妻には子どもがいませんが、中国の全ての子どもを我が子と思って大事にし、子供たちの教育を重視していたことも知りました。また、この記念館には、日本人が日中友好のために植えた桜もあり、満開の桜はとても綺麗で印象的でした。

(6) 問：我第一次去哪里旅行了？
    Wǒ dì-yī cì qù nǎli lǚxíng le?　私は初めてどこへ旅行に行きましたか。
　答：①西班牙。　Xībānyá.　スペイン。
　　　②德国。　Déguó.　ドイツ。
　　　③韩国。　Hánguó.　韓国。
　　　❹中国。　Zhōngguó.　中国。
　　解説▶"我第一次去中国旅行"から、④を選びます。

(7) 問：在餐厅吃了什么菜？　Zài cāntīng chīle shénme cài?
　　　レストランで何を食べましたか。
　答：❶北京烤鸭。　Běijīng kǎoyā.　北京ダック。
　　　②青椒肉丝。　Qīngjiāo ròusī.　チンジャオロース。
　　　③麻婆豆腐。　Mápó dòufu.　マーボー豆腐。
　　　④芝麻团子。　Zhīma tuánzi.　ゴマ団子。
　　解説▶"在餐厅吃的北京烤鸭非常好吃"から、①を選びます。

(8) 問：在交通工具方面，和日本不同的是什么？
    Zài jiāotōng gōngjù fāngmiàn, hé Rìběn bùtóng de shì shénme?
　　　交通手段では、日本と違うのは何ですか。
　答：①出租车和火车的数量。
　　　　Chūzūchē hé huǒchē de shùliàng.　タクシーと汽車の数。
　　　②公共汽车和自行车很多。
　　　　Gōnggòng qìchē hé zìxíngchē hěn duō.　バスと自転車が多い。
　　　③自行车和摩托车很多。
　　　　Zìxíngchē hé mótuōchē hěn duō.　自転車とバイクが多い。
　　　❹出租车和自行车的数量。
　　　　Chūzūchē hé zìxíngchē de shùliàng.　タクシーと自転車の数。
　　解説▶本文より、タクシーと自転車の数を表す④を選びます。

(9) 問：给我留下深刻印象的是什么？
    Gěi wǒ liúxià shēnkè yìnxiàng de shì shénme?
　　　私に強い印象を残したのは何ですか。
　答：①周恩来夫妻有孩子。

Zhōu Ēnlái fūqī yǒu háizi.　周恩来夫妻には子どもがいる。
❷日本友人种的樱花。
Rìběn yǒurén zhòng de yīnghuā.　日本人が植えた桜。
③北京烤鸭很好吃。
Běijīng kǎoyā hěn hǎochī.　北京ダックがとても美味しかった。
④日本友人开的饭馆。
Rìběn yǒurén kāi de fànguǎn.　日本人が開いたレストラン。

解説 ▶ "这个纪念馆的……给我留下了深刻的印象"より、「日本の友人が植えた桜が印象に残っている」ので、②が正解です。

(10) 問：在天津认识的中国人对我怎么样？
Zài Tiānjīn rènshi de Zhōngguórén duì wǒ zěnmeyàng?
天津で出会った中国人は私に対してどうでしたか。

答：①非常不友好。　Fēicháng bù yǒuhǎo.　全く友好的ではなかった。
②不理我。　Bù lǐ wǒ.　構ってくれなかった。
❸非常友好。　Fēicháng yǒuhǎo.　とても友好的だった。
④很生气。　Hěn shēngqì.　怒っていた。

解説 ▶ "对我都非常友好"「私に対して非常に友好的だった」とあるので、③が正解です。

筆記

1. 発音（声調）

/100

1

1. (1) ～ (5) の中国語と声調の組み合わせが同じものを、それぞれ①～④の中から1つ選びなさい。　　　　　　　　　　　　　　　　　　（10点）

(1) 环境　huánjìng　（環境）
　　①运动　yùndòng　（運動）　❷流利　liúlì　（流暢である）
　　③回国　huíguó　（帰国する）　④礼貌　lǐmào　（礼儀）
(2) 说话　shuōhuà　（話をする）
　　①打开　dǎkāi　（開ける）　②人类　rénlèi　（人類）
　　③安全　ānquán　（安全）　❹亲切　qīnqiè　（親切である）
(3) 本来　běnlái　（もともと）
　　❶理由　lǐyóu　（理由）　②爱人　àiren　（配偶者）
　　③可惜　kěxī　（惜しい）　④帮忙　bāngmáng　（手伝う）
(4) 菜单　càidān　（メニュー）
　　①讨厌　tǎoyàn　（嫌い）　❷对方　duìfāng　（相手）
　　③平安　píng'ān　（平安である）　④季节　jìjié　（季節）
(5) 出生　chūshēng　（生まれる）
　　①团结　tuánjié　（団結する）　②风景　fēngjǐng　（風景）
　　③秘密　mìmì　（秘密）　❹干杯　gānbēi　（乾杯する）

> **解説**　この問題は見出しの単語がわからないと、4つの選択肢からでは正しい解答を選ぶことが困難です。見出しと選択肢を合わせて25語、いずれも3級レベルの単語です。また、見出しの単語は日常的によく使われる単語が出題される傾向にあります。

2. (6) ～ (10) の中国語の正しいピンイン表記を、それぞれ①～④の中から1つ選びなさい。　　　　　　　　　　　　　　　　　　（10点）

(6) 支持　① jīchí　② jǐchǐ　③ zhīchǐ　❹ zhīchí
(7) 集合　① jǐhé　❷ jíhé　③ jíhú　④ jǐhú
(8) 国际　① kuójì　② guójǐ　③ kuójǐ　❹ guójì

(9) 考虑　　　① kàolǜ　　　② kàolù　　　❸ kǎolǜ　　　④ kǎolù
(10) 效果　　　① xiāoguó　　② xiǎoguǒ　　❸ xiàoguǒ　　④ xiǎoguó

2 (1) ～ (10) の中国語の空欄を埋めるのに最も適当なものを、それぞれ①～
④の中から１つ選びなさい。　　　　　　　　　　　　　　　　　　　　（20点）

(1) 那（ 部 ）电影很受欢迎。　その映画はとても人気があります。
　　Nà bù diànyǐng hěn shòu huānyíng.
　　❶部　bù　　②张　zhāng　　③本　běn　　④台　tái
　　解説▶ 量詞の問題です。映画を数える量詞は①"部"です。②"张"は使う部分が平たいもの（紙や机）、③"本"は本や雑誌など書物、④は上着や事件を数える量詞です。

(2) 我被爸爸打了一（ 顿 ）。　私は父に一度殴られました。
　　Wǒ bèi bàba dǎle yí dùn.
　　①遍　biàn　　❷顿　dùn　　③趟　tàng　　④口　kǒu
　　解説▶ 量詞の問題です。殴打や叱責や罵倒などの動作の回数を数えるには②の量詞"顿"が適当です。受け身を表す"被"も"顿"を選ぶヒントになります。①は初めから終わりまでの動作を数え、③は移動を数え、④は食事や発話を数えます。

(3) 如果今天工作不努力，明天（ 就 ）得努力找工作。
　　今日一生懸命仕事をしなければ、明日一生懸命仕事を探さなければなりません。
　　Rúguǒ jīntiān gōngzuò bù nǔlì, míngtiān jiù děi nǔlì zhǎo gōngzuò.
　　①能　néng　　②只　zhǐ　　③才　cái　　❹就　jiù
　　解説▶ "如果"に呼応する"就"が空欄に入ります。①は可能を表し、②は「ただ」、③は「やっと」の意味です。

(4) 点这么多菜，你吃得（ 了 ）吗?
　　こんなにたくさんの料理を注文して、食べ切れますか。
　　Diǎn zhème duō cài, nǐ chī de liǎo ma?
　　①下　xià　　②出　chū　　③上　shàng　　❹了　liǎo
　　解説▶ "了"は"liǎo"と発音し、"吃得了"は可能補語の肯定形で、「食べきることができる」という意味を表します。

(5) 他（ 既 ）是作家，又是老师。　彼は作家でもあり、教師でもあります。
　　Tā jì shì zuòjiā, yòu shì lǎoshī.

❶既　jì　　②也　yě　　③还　hái　　④先　xiān

解説 ▶ "既……又……"で「～でもあり、～でもある」の意を表します。

(6) 昨天我的钱包（ 被 ）小偷偷走了，气死人了！
昨日泥棒に財布を盗まれました。本当に腹立たしい！
Zuótiān wǒ de qiánbāo bèi xiǎotōu tōuzǒu le, qì sǐ rén le!

①从　cóng　　②把　bǎ　　❸被　bèi　　④对　duì

解説 ▶ 選択肢はすべて介詞で、①は「～から（起点）」、②は「～を（目的格化）」、④は「～に対して（対象）」の意味です。「泥棒に盗まれた」と受け身表現なので、③を選びます。

(7) 他们那里没有这儿（ 这么 ）冷。　彼らの所はここほど寒くありません。
Tāmen nàli méiyǒu zhèr zhème lěng.

❶这么 zhème　② 多么　duōme　③要么　yàome　④怎么　zěnme

解説 ▶ 彼らの所とここが比較されていることを読みとり、这儿と一緒に使われる①が正解です。②は感嘆に、③は選択に、④は疑問に使われます。

(8) 他（ 因为 ）感冒发烧了，（ 因为 ）请了一天假。
彼は風邪を引いて熱を出したので、一日休みを取りました。
Tā yīnwèi gǎnmào fāshāole, suǒyǐ qǐngle yì tiān jià.

①或者……或者　huòzhě……huòzhě
②虽然……但是　suīrán……dànshì
③哪怕……都　nǎpà……dōu
❹因为……所以　yīnwèi……suǒyǐ

解説 ▶ 「風邪を引いたので休みをもらった」と原因と結果の関係なので④が正解です。①は「～か～」と二者択一、②は「～だが」と逆接、③は「たとえ～でも」譲歩を表します。

(9) （ 只要 ）好好学习，（ 就 ）会有更好的前途。
よく勉強しさえすれば、更に良い前途があるだろう。
Zhǐyào hǎohāo xuéxí, jiù huì yǒu gèng hǎo de qiántú.

①不管……都　bùguǎn……dōu　　②因为……所以　yīnwèi……suǒyǐ
❸只要……就　zhǐyào……jiù　　④虽然……但是　suīrán……dànshì

解説 ▶ ①は「～にかかわらず、すべて～」、②は「～なので、だから～」、③は「～しさえすれば～」、④は「～だが、しかし～」の文型です。「よ

く勉強しさえすれば、更に良い前途がある」、という意味なので、③を選びます。

(10) 没有包子的话，我们（ 就 ）吃烧饼吧。
　　包子（バオズ）がないのでしたら、焼餅（シャオビーン）を食べましょう。
　　Méiyǒu bāozi de huà, wǒmen jiù chī shāobǐng ba.
　　① 却　què　　② 才　cái　　❸ 就　jiù　　④ 又　yòu
　　解説　"……（的话），就……"は仮定を表す形です。

3

1. (1)～(5)の日本語の意味に合う中国語を、それぞれ①～④の中から１つ選びなさい。　　　　　　　　　　　　　　　　　　　　　　　（10点）

(1) 皆さん、どうかたくさん飲んでください。
　　① 请你们喝多一点儿。
　　② 请你们多一点儿喝。
　　❸ 请你们多喝一点儿。　Qǐng nǐmen duō hē yìdiǎnr.
　　④ 多请你们喝一点儿。
　　解説　「たくさん～する」は副詞の"多"を動詞の前に置くだけでなく、動作の量を表す"一点儿"を動詞の後に置いて③のように並べます。

(2) 私は財布を教室に忘れてきてしまいました。
　　❶ 我把钱包忘在教室里了。　Wǒ bǎ qiánbāo wàngzài jiàoshì lǐ le.
　　② 我忘在教室里了把钱包。
　　③ 我把钱包忘教室里在了。
　　④ 我把钱包在教室里忘了。
　　解説　"把"構文の語順は「"把"＋目的語＋動詞句」であり、「教室に忘れる」は"忘在教室里"なので、①が正解です。

(3) あなたは食べるのが速すぎます。
　　① 你吃得太了快。
　　② 你吃太得快了。
　　❸ 你吃得太快了。　Nǐ chī de tài kuài le.
　　④ 你太吃得快了。
　　解説　程度補語の文型の語順は「主語＋動詞＋"得"＋程度補語」となります。

「〜すぎる」は"太……了"を用います。

(4) あそこはニューヨークよりずっと涼しい。
　　❶那里比纽约凉快多了。　Nàli bǐ Niǔyuē liángkuài duō le.
　　②那里凉快比纽约多了。
　　③那里比纽约多了凉快。
　　④那里比纽约多凉快了。

解説　「ずっと〜」という比較の程度を表すには、形容詞の後に"多了"を付けます。

(5) 私たちは2時間太極拳を習いました。
　　①我们两个小时学了太极拳。
　　②我们学了太极拳两个小时。
　　③我们学两个小时了太极拳。
　　❹我们学了两个小时太极拳。　Wǒmen xuéle liǎng ge xiǎoshí tàijíquán.

解説　時間の量、動作の量は通常動詞の後ろに置き、目的語がついている場合は目的語の前に置きます。この場合、"了"は必ず動詞の直後に来ます。"学了两个小时太极拳""学了两个小时的太极拳"とも言えます。

2. (6)〜(10)の日本語の意味になるように、それぞれ①〜④を並べ替えたとき、[　]内に入るものはどれか、その番号を答えなさい。　　(10点)

(6) 彼はいつでも時間があります。
　　他〔 ❶什么时候 〕　②都　　③有　　④时间。
　　Tā shénme shíhou dōu yǒu shíjiān.

解説　疑問詞を前に出し"什么时候＋都"と並べて「いつでも〜」という強調を表します。

(7) 北京ダックは横浜の中華街で食べられますか。
　　北京烤鸭在横滨中华街　③吃〔 ❹得 〕　①到　　②吗?
　　Běijīng kǎoyā zài Héngbīn Zhōnghuájiē chī de dào ma?

解説　"吃到"は「動詞＋結果補語」の構造で、その間に"得"を入れると可能補語の形になり「食べることができる」という意味を表します。

(8) 彼は起きるとすぐに勉強をしに行きます。
　　他〔 ❶一 〕　④起床　③就　　②去　看书。

Tā yì qǐchuáng jiù qù kànshū.

> 解説 ▶ 「〜するとすぐに〜する」は"一……就……"の文型を使って表現します。

(9) 私の考えは他の人と違います。

我的想法〔 ❷跟 〕①别人的 ④不 ③一样。

Wǒ de xiǎngfǎ gēn biérén de bù yíyàng.

> 解説 ▶ 「AはBと同じ」は"A跟B一样"、「AはBと違う」は"A跟B不一样"、「AはBとほとんど同じ」は"A跟B差不多"で表します。

(10) 空に雨雲が現れた。

①天上　②出现　④了〔 ❸一团黑云 〕。

Tiānshang chūxiàn le yìtuán hēiyún.

> 解説 ▶ 存在や出現を表すには存現文を用います。存現文は「場所（あるいは時間）＋その他の成分＋事物（あるいは人）」という語順になります。

4 次の文章を読み、(1) 〜 (6) の問いの答えとして最も適当なものを、それぞれ①〜④の中から1つ選びなさい。　　　　　　　　　　　　　　（20点）

　　他今年16岁了，是高中生。他喜欢打乒乓球。因为他喜欢理科，　(1)　将来想当初中的理科老师。

　　他初中1年级的时候加入了学校的乒乓球队，3年级的时候当上了部长。他这三年拼命练习，最后在城市的乒乓球比赛上获得冠军了。经历了球队部长的责任感，再加上获得了冠军的好成绩，这些都给了他自信，也　(2)　他成长了。

　　退出乒乓球队第一线后，他成为学生会长，为了大家过好学校生活下了不少功夫。看　(3)　他努力的样子的朋友们都觉得他很厉害，很多朋友开始帮助他一起创造更好的学校。他被很多朋友围绕着，是非常幸福的一位少年。

　　　(4)　像他那样的人实现自己的梦想当上老师的话，一定会　(5)　学生们信赖，而成为很受欢迎的老师吧。

(1) 空欄 (1) を埋めるのに適当なものは、次のどれか。

①就　jiù　　②因此　yīncǐ　　❸所以　suǒyǐ　　④但是　dànshì

> 解説 ▶ 文頭に"因为"があるのでそれに呼応する③を選びます。①は「すぐに」、②は「それゆえに」、④は「しかし」の意です。

(2) 空欄(2)を埋めるのに適当なものは、次のどれか。

❶让 ràng　②被 bèi　③把 bǎ　④比 bǐ

解説 ▶ 「1位を取るという結果は彼に自信を与え、成長させた」と使役の意味になるので、①が正解です。②は受け身、③は処置、④は比較を表すときに使います。

(3) 空欄(3) を埋めるのに適当なものは、次のどれか。

①看 kàn　②出 chū　❸到 dào　④见 jiàn

解説 ▶ ここでは「友達が彼の努力を見て、すごいと思った」という意味なので、③を選びます。"看到"は「認識」したときに使います。①は"看看"「ちょっと見る」、②は"看出"で「見出す」、④は"看见"は「見える」の意味です。

(4) 空欄 (4) を埋めるのに適当なものは、次のどれか。

①尽管 jǐnguǎn　②既然 jìrán　③万一 wànyī　❹如果 rúguǒ

解説 ▶ "……的话"に呼応する④が正解です。①は「～ではあるが」と逆接を表し、②は"既然……就……"で「～である以上、～したからには」と順接を表します。③は「万が一」の意です。

(5) 空欄(5)を埋めるのに適当なものは、次のどれか。

①请 qǐng　❷被 bèi　③对 duì　④从 cóng

解説 ▶ 文脈より「学生より信頼される」と受け身の意がくみ取れるので、②が正解です。①は「～してください」、③は「～に対して」、④は「～から」の意です。

(6) 本文の内容に合うものは、次のどれか。

❶他最后在城市的乒乓球比赛上获得第一名了。

Tā zuìhòu zài chéngshì de pīngpāngqiú bǐsài shang huòdé dì-yī míng le.

②他将来想当初中的数学老师。

Tā jiānglái xiǎng dāng chūzhōng de shùxué lǎoshī.

③他没有很多朋友。　Tā méiyǒu hěn duō péngyou.

④他初中二年级的时候加入了乒乓球队。

Tā chūzhōng èr niánjí de shíhou jiārù le pīngpāngqiú duì.

解説 ▶ "冠军"guànjūn は"第一名"と同じ意味なので、①が正解です。

日本語訳

彼は今年16歳で、高校生です。彼は卓球が好きです。勉強では理科（自然科学）が得意なので、将来は中学校の理科の先生になりたいと思っています。

彼は中学1年生で卓球部に入り、3年生の時にはキャプテンになりました。彼は一生懸命練習し、市の大会で優勝しました。彼は責任のある立場を経験し、また、優勝という結果を残したことで自信を持ち、人として大きく成長しました。

部活を引退した後は生徒会長になり、みんなのために学校生活を良くしようと努力をしました。彼の努力を見た友人たちは彼を尊敬し、一緒により良い学校生活をつくろうと協力しました。彼は友人に恵まれた幸せな少年です。

彼のような人が彼の目標である理科の先生になれば、学生から信頼され、人気のある先生になることでしょう。

ピンイン

Tā jīnnián shíliù suì le, shì gāozhōngshēng. Tā xǐhuan dǎ pīngpāngqiú. Yīnwèi tā xǐhuan lǐkē, suǒyǐ jiānglái xiǎng dāng chūzhōng de lǐkē lǎoshī.

Tā chūzhōng yī niánjí de shíhou jiārùle xuéxiào lǐ de pīngpāngqiúduì, ér sān niánjí de shíhou dāng bùzhǎng le. Tā zhè sān nián pīnmìng liànxí, zuìhòu zài chéngshì de pīngpāngqiú bǐsài shang huòdé guànjūn le.

Jīnglìle qiúduì bùzhǎng de zérèngǎn, zài jiāshang huòdéle guànjūn de hǎo chéngjì, zhèxiē dōu gěile tā zìxìn, yě ràng tā chéngzhǎng le.

Tuìchū pīngpāngqiúduì dì-yīxiàn hòu, tā chéngwéi xuéshēnghuìzhǎng. Wèile dàjiā guòhǎo xuéxiào shēnghuó xià le bùshǎo gōngfu. Kàndào tā nǔlì de yàngzi de péngyoumen dōu juéde tā hěn lìhai, hěn duō péngyou kāishǐ bāngzhù tā yìqǐ chuàngzào gèng hǎo de xuéxiào le. Tā bèi hěn duō péngyou wéiràozhe, shì fēicháng xìngfú de yí wèi shàonián.

Rúguǒ xiàng tā nàyàng de rén shíxiàn zìjǐ de mèngxiǎng dāngshang lǎoshī de huà, yídìng huì bèi xuéshēngmen xìnlài, ér chéngwéi hěn shòu huānyíng de lǎoshī ba.

5 (1)～(5)の日本語を中国語に訳し、漢字（簡体字）で解答欄に書きなさい。
(20点)

(1) 彼はテレビを見ながら、コーヒーを飲みます。

他一边看电视，一边喝咖啡。　Tā yìbiān kàn diànshì, yìbiān hē kāfēi.

解説 ▶ 「～しながら～する」は"一边……一边……"を使います。

(2) この問題は小学生でも知っている。

这个问题连小学生都知道。

Zhège wèntí lián xiǎoxuéshēng dōu zhīdao.

解説 ▶ 「～でさえも」は"连……都/也……"で表現します。

(3) 私は少しも怖くない。

我一点儿都不怕。　Wǒ yìdiǎnr dōu bú pà.

解説 ▶ 「少しも～ない」は"一点儿都……"で表現します。"一点儿也不怕"も可。

(4) 彼の携帯は私のより高い。

他的手机比我的（手机）贵。　Tā de shǒujī bǐ wǒ de (shǒujī) guì.

解説 ▶ 「AはBより～だ」と比較の意味を表したいときは、「A比B……」になります。

(5) 彼らはみな大学生というわけではない。

他们不都是大学生。　Tāmen bù dōu shì dàxuéshēng.

解説 ▶ 「～というわけではない」と部分否定を表すときは、"不都是……"になります。また、「すべて～ない」と全体否定を表すときは、"都不是……"になります。

文法ポイント1：程度補語

「すごく～だ」「ひどく～だ」など程度が高いことを表すとき、形容詞に"**得**"を加え、そのありさまを表す語を後ろに置きます。

ex) 我高兴**得**很。　　　　私はうれしくてたまらない。
　　我热**得**要死。　　　　私は暑くて死にそうだ。
　　她急**得**不得了。　　　彼女はひどく焦っている。

文法ポイント2：様態補語

　様態補語とは、動作・行為の行われ方がどうであるか、その性状のありさまがどうであるかを述べるものです。

① **目的語がない場合**

　　動詞／形容詞＋"得"＋…

　　　ex）他来**得**很晩。　　　彼は来るのが遅かったです。

　　　　　他来**得**不晩。　　　彼は来るのが遅くなかったです。

② **目的語がある場合**

　　動詞＋目的語＋動詞＋"得"＋…

　　　ex）我妈妈做菜做**得**很好吃。　　私の母は料理が上手だ。

　　　　　她说日语说**得**很流利。　　　彼女は日本語を話すのがとても流暢だ。

文法ポイント3：結果補語

　動作の結果がどうであるかを補助的に説明し、強調するものを結果補語といいます。よく使うものに、"完"、"好"、"错"、"到"、"懂"、"在" などがあります。

　　　ex）吃**饱**　（満腹する）　　听**懂**　（聞いて理解する）

　　　　　说**错**　（言い間違える）　看**完**　（見終わる）

unit 1　第 1 日目　解答と解説

step 1　ドリル　[助動詞／疑問詞]

1 次の漢字をピンインと声調に直し、日本語訳をしましょう。

1. 打针　　　　　　2. 情况　　　　　　3. 自然
   dǎzhēn 注射する　　qíngkuàng 状況　　zìrán 自然に

4. 希望　　　　　　5. 语言　　　　　　6. 选择
   xīwàng 希望　　　yǔyán 言語　　　　xuǎnzé 選択する

2 次の語句を〔　〕に入れて文章を完成させましょう。

　　打算，会，可以，要，值得

1. 今天下这么大的雨，他不〔 **会** 〕来的。
   Jīntiān xià zhème dà de yǔ, tā bú huì lái de.
   今日はこんなにも雨が大降りなので、彼はきっと来ないはずだ。

2. 这本小说〔 **值得** 〕一读。　Zhè běn xiǎoshuō zhíde yìdú.
   この小説は一読する価値がある。

3. 我〔 **要** 〕买这个，多少钱？　Wǒ yào mǎi zhège, duōshao qián?
   私はこれを買いたいです。おいくらですか。

4. 这里〔 **可以** 〕抽烟吗？　Zhèli kěyǐ chōuyān ma?
   ここでタバコを吸ってもいいですか。

5. 快放假了，你〔 **打算** 〕去哪里？　Kuài fàngjià le, nǐ dǎsuan qù nǎli?
   もうすぐ休みです。あなたはどこに行く予定ですか。

   解説　助動詞を正しく用いる練習です。ここでの"会"は「〜のはずだ、〜だろう」の意味で蓋然性を、"值得"は「〜する価値がある」の意味で評価を、"要"は「〜したい」の意味で願望や意欲を、"可以"は「〜してもよい」の意味で許可を、"打算"は「〜するつもり」の意味で予定を表します。

3 次の文を正しい語順に直し、日本語に訳しましょう。

1. 他能当翻译。　彼は通訳になることができる。
   Tā néng dāng fānyì.

   解説　助動詞"能"は「〜することができる」の意味で、動詞の前に置き、能力・条件・状況を表します。否定には"不能"が用いられます。

中検 3 級ファイナルチェック　23

2. **我们应该好好儿学习。** 私たちはしっかりと勉強すべきだ。
   Wǒmen yīnggāi hǎohāor xuéxí.
   > 解説 ▶ 助動詞"应该"は「道理からして必ず〜すべきだ」「当然〜すべきだ」という意味を表し、動詞の前に置きます。

3. **你什么时候去超市买菜?** あなたはいつスーパーへ野菜を買いに行きますか。
   Nǐ shénme shíhou qù chāoshì mǎi cài?
   > 解説 ▶ 「スーパーへ行く⇒買い物」という動作の順番に並べます。

4. **这个字怎么念?** この字はどのように読みますか。
   Zhège zì zěnme niàn?
   > 解説 ▶ "怎么"は「どのように」の意味で方法を尋ねるときに用います。

5. **今晚你想干什么?** 今晩あなたは何をしたいですか。
   Jīnwǎn nǐ xiǎng gàn shénme?
   > 解説 ▶ 助動詞"想"は動詞"干"の前に置きます。

6. **你喜欢什么样的职业?** あなたはどのような職業が好きですか。
   Nǐ xǐhuan shénmeyàng de zhíyè.
   > 解説 ▶ "什么样的＋名詞"で「どのような〜」という意味になります。

7. **其实我成绩不怎么好。** 実は私は成績があまりよくありません。
   Qíshí wǒ chéngjì bù zěnme hǎo.
   > 解説 ▶ "不怎么＋形容詞"で「それほど〜でない」という意味になります。

unit 1　第2日目　解答と解説

step 2　検定形式問題　助動詞／疑問詞

1　(1)〜(10)の中国語の空欄を埋めるのに最も適当なものを、それぞれ①〜④の中から1つ選びなさい。【1問1点】

(1) 你放心，我不（ 会 ）欺负你的。
　　Nǐ fàngxīn, wǒ bú huì qīfu nǐ de.
　　安心してください。私があなたをいじめるはずはありません。
　　　① 能　② 该　③ 得　❹ 会
　　解説　"会"は助動詞で、「〜するはずだ、〜だろう」の意味の蓋然性を表します。文末の語気助詞"的"と呼応するのは④だけで、"不会……的"「〜するはずがない、〜ないだろう」という意味になります。

(2) 今天晚上我（ 要 ）加班，不回来吃晚饭。
　　Jīntiān wǎnshang wǒ yào jiābān, bù huílai chī wǎnfàn.
　　今日の夜は残業をしなければならなかったので、帰って夕飯を食べません。
　　　❶ 要　② 可以　③ 能　④ 会
　　解説　「〜しなければならない」の意味を表す助動詞"要"が正解です。②は「〜してもよい」という許可、③は「(能力があって)〜できる」、④は「(習得して)〜できる」の意味を表します。

(3) 服务员说这里（ 不能 ）抽烟。
　　Fúwùyuán shuō zhèli bù néng chōuyān.
　　ここでタバコを吸ってはいけませんと店員さんが言います。
　　　① 不想　② 不会　❸ 不能　④ 不愿意
　　解説　「タバコを吸ってはいけない」と禁止の意味を表すのは③だけです。①は「〜したくない」、②は「〜のはずがない、〜しないだろう」、④は「〜を希望しない」の意味です。

(4) 不管怎样，你（ 得 ）参加明天的考试。
　　Bùguǎn zěnyàng, nǐ děi cānjiā míngtiān de kǎoshì.
　　たとえどうであっても、あなたは明日の試験を受けなければなりません。
　　　① 能　❷ 得　③ 想　④ 可以
　　解説　"不管怎样"「たとえどうであっても」と最初にあるので、「〜しなければならない」の意味の②が正解です。

中検3級ファイナルチェック　25

(5) 我会用一辈子去珍惜你。你（ 愿意 ）嫁给我吗?
　　 Wǒ huì yòng yíbèizi qù zhēnxī nǐ. Nǐ yuànyì jià gěi wǒ ma?
　　 私は一生かけてあなたを大事にします。私と結婚してくれますか。

　　① 要　　❷ 愿意　　③ 应该　　④ 却

　　解説 ▶ 結婚する希望があるかどうかを尋ねる文なので、「〜したいと思う、希望する」の意味を表す②が正解です。④"却"què は副詞で「かえって、にもかかわらず」など逆説を表します。

(6) 天气太热了，（ 什么 ）都不想做。 暑すぎて何もしたくない。
　　 Tiānqì tài rè le, shénme dōu bù xiǎng zuò.

　　① 什么样　　② 为什么　　③ 哪　　❹ 什么

　　解説 ▶ 文中の"什么"は疑問詞の不定用法で、"什么都"で「何も」という意味になります。

(7) 长脸型适合（ 什么样 ）的发型?　 面長の顔にはどんな髪型が似合いますか。
　　 Chángliǎn xíng shìhé shénmeyàng de fàxíng?

　　① 怎么样　　② 什么　　③ 哪种　　❹ 什么样

　　解説 ▶ 疑問詞"什么样"は「どんな〜」という意味を表し、後ろに"的"を伴って名詞を修飾します。①は状況や方式などを尋ねるので名詞の前には使いません。②は後ろに"的"を伴わず直接名詞を修飾します。③は量詞"种"があるので、"的"は使いません。

(8) 请问，从这里到公交车站（ 怎么 ）走?
　　 Qǐngwèn, cóng zhèli dào gōngjiāo chēzhàn zěnme zǒu?
　　 すみません、ここからバス停までどのように行きますか。

　　① 哪个　　② 为什么　　❸ 怎么　　④ 怎样

　　解説 ▶「どのように」という方法を尋ねる疑問詞は、③です。

(9) 我女朋友最近都不（ 怎么 ）理我。 私の彼女は最近あまり構ってくれません。
　　 Wǒ nǚpéngyou zuìjìn dōu bù zěnme lǐ wǒ.

　　❶ 怎么　　② 哪　　③ 什么　　④怎样

　　解説 ▶ "不怎么〜"で「それほど〜ではない」の意味になります。"理"は動詞で「相手にする、かまう」という意味です。

(10) 新手机（ 什么时候 ）上市?　 新しい携帯はいつ売り出されますか。
　　 Xīn shǒujī shénme shíhou shàngshì?

① 什么　　② 什么样　　❸ 什么时候　　④ 什么地方

解説▶「いつ」を表す③が正解です。④を使って場所を尋ねるときは、前に介詞の"在"を置く必要があります。

助動詞一覧				
能力・許可	□	可以	～できる、～してもよい	在这里可以抽烟吗？ (ここではタバコを吸って良いですか。)
	□	能	～できる (一定の事をする能力・条件があり)	你明天能来吗？ (あなたは明日来ることができますか。)
技　能	□	会	(練習・習得の結果)～できる	你会游泳吗？ (あなたは泳げますか。)
願望・意欲	□	想	～したい	我想学习中文。 (私は中国語を学習したいです。)
	□	愿意	～したい、願う	我愿意帮助你。 (私はあなたを助けたいと思う。)
義　務	□	要	～したい ～しなければならない	我要一杯红酒。 (ワインを一杯ください。) 我要买火车票。 (電車の切符を買わなければなりません。)
	□	应该	～すべきだ	我们应该早睡早起。 (私たちは早寝早起きをすべきです。)
	□	得	～しなければならない	你得好好儿学习。 (あなたはよく勉強しなければなりません。)
予　定	□	打算	～するつもりである	我们打算明年结婚。 (私たちは来年結婚するつもりです。)
	□	准备	～する予定である	我准备明年搬家。 (私は来年引っ越す予定です。)

unit 1　第 3 日目　解答と解説

step 3　リスニング　一問一答

CD 07 (1) 明天有个画展，你能去吗?
　　　Míngtiān yǒu ge huàzhǎn, nǐ néng qù ma?
　　　明日絵画展がありますが、あなたは行けますか。
　　　❶我很想去，可是明天有个约会。
　　　　Wǒ hěn xiǎng qù, kěshì míngtiān yǒu ge yuēhuì.
　　　　とても行きたいのですが、明日は約束があります。
　　　②我很想画画儿。　Wǒ hěn xiǎng huà huàr.
　　　　私は絵を描きたいです。
　　　③我能去花展。　Wǒ néng qù huāzhǎn.
　　　　私はフラワーフェスティバルに行けます。
　　　④那么下班后给你打电话。　Nàme xiàbān hòu gěi nǐ dǎ diànhuà.
　　　　それでは仕事が終わったら電話をします。
　　　解説　"你能去吗?"「行けますか」と尋ねられているので、行けない理由を述べている①が正解です。

CD 08 (2) 铃木，你怎么了?　Língmù, nǐ zěnme le?　鈴木さん、どうしましたか。
　　　①他在做饭呢。　Tā zài zuòfàn ne.　彼は今料理をしています
　　　②昨天我见到他了。　Zuótiān wǒ jiàndào tā le.　昨日私は彼を見ました。
　　　③我喜欢喝啤酒。　Wǒ xǐhuan hē píjiǔ.　私はビールを飲むのが好きです。
　　　❹没什么，有点儿头疼。　Méi shénme, yǒudiǎnr tóuténg.
　　　　何でもありません、少し頭が痛いのです。
　　　解説　"你怎么了?"「どうしましたか」と尋ねられているので、状況を答えている④が正解です。"你"で質問しているので、答えの主語は"我"になります。

CD 09 (3) 这几天过得怎么样?　Zhè jǐ tiān guò de zěnmeyàng?
　　　ここ数日どう過ごしていましたか。
　　　❶过得很愉快。　Guò de hěn yúkuài.　楽しく過ごしていました。
　　　②这几天天气真好。　Zhè jǐ tiān tiānqì zhēn hǎo.
　　　　ここ数日天気が本当にいいです。
　　　③我在学习汉语呢。　Wǒ zài xuéxí Hànyǔ ne.

私は中国語を勉強しています。
④我打算玩儿电脑。　Wǒ dǎsuan wánr diànnǎo.
私はパソコンで遊ぶ予定です。

> 解説　"过得怎么样?"「どう過ごしていたか」を尋ねられているので、同じように"过得……で答えている①が正解です。

🎧10 (4) 你学汉语学了多长时间了?　Nǐ xué Hànyǔ xuéle duōcháng shíjiān le?
あなたは中国語を学んでどのくらいになりましたか。
①我学韩语学了一个月了。　Wǒ xué Hányǔ xuéle yí ge yuè le.
私は韓国語を学んで一カ月です。
②我在北京大学学习汉语。　Wǒ zài Běijīng Dàxué xuéxí Hànyǔ.
私は北京大学で中国語を学んでいます。
❸学了半年了。　Xuéle bàn nián le.　半年経ちました。
④我上大学时学过。　Wǒ shàng dàxué shí xuéguo.
私は大学のときに学んだことがあります。

> 解説　"多长时间"「どのくらいの長さ」を尋ねられているので、時間の長さを答えている③が正解です。現在もまだ学んでいることを表す文末の"了"の訳にも注意しましょう。"汉语"と"韩语"は発音が似ているので注意が必要です。

🎧11 (5) 你怎么知道我要来?　Nǐ zěnme zhīdao wǒ yào lái?
私が来ることをどうして知っているのですか。
❶是你妈妈告诉我的。　Shì nǐ māma gàosu wǒ de.
あなたのお母さんが教えてくれました。
②我明天给你打电话。　Wǒ míngtiān gěi nǐ dǎ diànhuà.
私は明日あなたに電話をします。
③老师在找你呢。　Lǎoshī zài zhǎo nǐ ne.
先生があなたを探していますよ。
④我只是想见你。　Wǒ zhǐshì xiǎng jiàn nǐ.
私はただあなたに会いたいだけです。

> 解説　"怎么知道"「どうして知っている」と理由を尋ねられているので、①が正解です。実現済みを表す"是……的"構文で、以前に「お母さんが教えてくれた」ことを強調しています。

文法ポイント4："是…的"構文

　すでに行われた動作について、「誰が」「いつ」「どこ」「どのように」行われたかを説明する、あるいはその説明を求める場合、"**是……的**"構文を使います。

　　ex）你**是**怎么来**的**？　　　あなたはどのように来たのですか。

　　　　我**是**坐火车来**的**。　　電車で来ました。

unit 2　第4日目　解答と解説

step 1　ドリル　量詞／介詞

1　1　次の漢字をピンインと声調に直し、日本語訳をしましょう。

1. 医院　yīyuàn 病院
2. 凉快　liángkuài 涼しい
3. 技术　jìshù 技術
4. 比较　bǐjiào 比較（する）
5. 跑步　pǎobù 駆け足（する）
6. 健康　jiànkāng 健康である

2　次の（　）に当てはまる量詞を答えましょう。

yí dùn fàn 一（頓）饭	1回の食事 食事の回数を数える	yì chǎng diànyǐng 一（场）电影	1回の上映 競技や芝居などを数える
yì jiān wūzi 一（间）屋子	1つの部屋 部屋の数を数える	yí tào shū 一（套）书	1セットの本 セットになっているものを数える
yí jù huà 一（句）话	ひと言 言葉を数える	qù yí tàng 去一（趟）	1往復する 往復する動作を数える
yì kē shù 一（棵）树	1本の木 木、草を数える	shuō yì shēng 说一（声）	ひと声かける 音声を出す回数を数える
yì piān wénzhāng 一（篇）文章	1編の文章 文章を数える	qù yì huí 去一（回）	1回行く 動作の回数を数える

中検3級ファイナルチェック　31

3 次の介詞を〔　〕に入れて文章を完成させましょう。

> 跟，给，在，往，朝，向

1. 〔 **往** 〕前走五分钟，就是你们学校。
   Wǎng qián zǒu wǔ fēnzhōng, jiù shì nǐmen xuéxiào.
   前に向かって 5 分歩けばあなたたちの学校があります。
   > 解説　介詞"往"は「〜の方へ」の意味で、移動の方向を表します。

2. 请代我〔 **向** 〕你父母问好。
   Qǐng dài wǒ xiàng nǐ fùmǔ wènhǎo.
   あなたのご両親にどうぞよろしくお伝えください。
   > 解説　介詞"向"は「〜に向かって」の意味で、ある対象に向かって「问好（ご機嫌をうかがう）」「请教（教えを請う）」など一般的に抽象的な動作を行う場合に用いられます。

3. 明天我〔 **给** 〕你打电话吧。　Míngtiān wǒ gěi nǐ dǎ diànhuà ba.
   明日私はあなたに電話をしましょう。
   > 解説　介詞"给"は「〜に」の意味で、与える対象を表します。

4. 她以前〔 **在** 〕银行工作。　Tā yǐqián zài yínháng gōngzuò.
   彼女は以前銀行で働いていました。
   > 解説　介詞"在"は「〜で」の意味で、場所を表します。

5. 老板总要求我〔 **跟** 〕他一起去出差。
   Lǎobǎn zǒng yāoqiú wǒ gēn tā yìqǐ qù chūchāi.
   社長はいつも私に彼と出張に行くよう要求します。
   > 解説　介詞"跟"は「〜と」の意味で、動作の相手を表します。

6. 我想找一间〔 **朝** 〕南的房间。
   Wǒ xiǎng zhǎo yì jiān cháo nán de fángjiān.
   私は今南向きの部屋を探したいです。
   > 解説　介詞"朝"は「〜に向いて」の意味で、面と向かう方向を表します。
   > 　　　介詞"向"は「〜に向かって」の意味で、抽象的方向を表します。

4 次の文を正しい語順に直し、日本語に訳しましょう。

1. 从我家到公司只要十分钟。私の家から会社まで**10**分しかかからない。
   Cóng wǒ jiā dào gōngsī zhǐ yào shí fēnzhōng.

   > 解説 ▶ 介詞"从"「～から」は出発点や開始時間を表し、"从……到……"で「～から～まで」の意味になります。

2. 我家离公司不远。私の家は会社から遠くない。
   Wǒ jiā lí gōngsī bù yuǎn.

   > 解説 ▶ 介詞"离"は、出発点や開始時間を表す介詞"从"と同様日本語では「～から」の意味を持ちますが、2点間における空間や時間のへだたりを表します。

3. 学好中文对我们来说很重要。
   Xuéhǎo Zhōngwén duì wǒmen lái shuō hěn zhòngyào.
   中国語を習得することは私たちにとってとても重要である。

   > 解説 ▶ 介詞"对"は対象を表し、"対……来说"で「～にとって、～から言うと」の意味になります。

介詞一覧			
時間／場所	□ 在	～で	我在大阪工作。 (私は大阪で働いています。)
	□ 从（到）	～から（…まで） 《起点》	我平时从八点到六点上班。 (私は普段8時から6時まで働いています。)
	□ 离	～から 《二点間の時間的な空間・時間》	上海离北京很远。 (上海は北京からとても遠い。)
方　向	□ 向	～に向かって	他向我点头，表示同意。 (彼は私の方を向いてうなずき、同意を示した。)
対　象	□ 対	～に対して	抽烟对身体好吗? (喫煙は体に良いですか。)
	□ 给	～に	明天我给你打电话。 (明日私はあなたに電話をします。)
	□ 比	～より、～に比べて 《比較》	我比她高。 (私は彼女より背が高い。)
	□ 跟 □ 和	～と、～に ～と、～に	我跟她一起去超市。 (私は彼女と一緒にスーパーにいく。) 我和爸爸商量。　(私は父と相談する。)

unit 2　第 5 日目　解答と解説

step 2　検定形式問題　[量詞／介詞]

1 (1)～(10) の中国語の空欄を埋めるのに最も適当なものを、それぞれ①～④の中から1つ選びなさい。

(1) 我来给你做一（　顿　）饭吧。　私があなたのために食事を作りましょう。
　　Wǒ lái gěi nǐ zuò yí dùn fàn ba.
　　　① 回　　② 遍　　❸ 顿　　④ 趟
　　解説▶ 食事の回数を数えるときは③"顿"dùn を用います。①"回"huí は動作の回数、②"遍"biàn は始まりから終わりまでの動作、④"趟"tàng は往復する動作を数えます。

(2) 我今天买了一（　套　）书。　今日私は本を1セット買いました。
　　Wǒ jīntiān mǎile yí tào shū.
　　　① 棵　kē　　❷ 套　tào　　③ 双　　④ 串
　　解説▶ ②"套"tào はセットになっているものを数えます。①"棵"kē は草木など植物類、③"双"shāng は手袋など本来的に対になっているもの、④"串"chuàn はネックレスなど繋がっているものを数えます。

(3) 我有一（　间　）自己的房间。　私は自分の部屋を1部屋持っています。
　　Wǒ yǒu yì jiān zìjǐ de fángjiān.
　　　① 件　　② 把　　③ 架　　❹ 间
　　解説▶ 部屋を数える量詞は④"间"です。①は服や荷物や事柄類、②は傘やナイフなど握りのあるもの、③は飛行機、カメラ、機械など組み立てられたものを数えます。

(4) 昨天下了一（　场　）雨。　昨日一雨降りました。
　　Zuótiān xiàle yì cháng yǔ.
　　　❶ 场　　② 顿　　③ 回　　④ 趟
　　解説▶ 雨の回数を数える時に①"场"を用います。その他、映画、演芸、テスト、試合の回数等を数えます。

(5) 韩国旅游去一（　趟　）要多少钱？　韓国旅行に行くにはいくらかかりますか。
　　Hánguó lǚyóu qù yí tàng yào duōshao qián?
　　　① 顿　　② 遍　　❸ 趟　　④ 场
　　解説▶ 往復する動作を数えるのは③"趟"tàng です。①②④にはその用法はありません。

34　中検3級ファイナルチェック

(6) 我（ 跟 ）他一起去学校。　私は彼と一緒に学校へ行きます。
　　Wǒ gēn tā yìqǐ qù xuéxiào.
　　① 到　　② 给　　③ 对　　❹ 跟
　　解説　「～と」の意味の介詞"跟"が正解です。①は「～まで」、②は「～に」、③は「～にとって」の意味です。

(7) 现在（ 离 ）上课还有五分钟。　今から授業まであと 5 分あります。
　　Xiànzài lí shàngkè hái yǒu wǔ fēnzhōng.
　　❶ 离　　② 在　　③ 从　　④ 向
　　解説　「今から授業まで」と 2 点間の時間的へだたりを表現できるのは①だけです。②は「～で」、③は「～から」、④は「～に向かって」の意味です。

(8) 田中（ 从 ）早上一直工作到现在。
　　田中さんは朝から今までずっと働いています。
　　Tiánzhōng cóng zǎoshang yìzhí gōngzuò dào xiànzài.
　　① 在　　❷ 从　　③ 跟　　④ 为
　　解説　"从……到……"で「～から～まで」の意味なので②が正解です。④は「～のため」の意味です。

(9) 有没有班车，（ 对 ）我来说，太重要了。
　　会社の定期バスがあるかないかは、私にとって、非常に重要です。
　　Yǒu méiyou bānchē, duì wǒ lái shuō, tài zhòngyào le.
　　① 往　　② 向　　③ 关于　　❹ 对
　　解説　後ろに"来说"があるので、④の"对"を選びます。①は移動の方向、③は「～について」の意味を表します。

(10) 我想（ 向 ）大家表示感谢。　私は皆に感謝の意を表したい。
　　Wǒ xiǎng xiàng dàjiā biǎoshì gǎnxiè.
　　① 从　　② 在　　❸ 向　　④ 朝
　　解説　「～に向かって」と動作の相手を表す③が正解です。

unit 2 第6日目 解答と解説

step 3　リスニング　一問一答

CD 12 (1) 这儿的天气你习惯了吗？　Zhèr de tiānqì nǐ xíguànle ma?
ここの天気に慣れましたか。
① 我来到这里已经半年了。　Wǒ láidào zhèli yǐjīng bàn nián le.
ここに来てもう半年になりました。
❷ 还不太习惯呢。这儿比名古屋冷多了。
Hái bú tài xíguàn ne. Zhèr bǐ Mínggǔwū lěng duō le.
まだあまり慣れていませんよ。ここは名古屋と比べてだいぶ寒いです。
③ 难道你不知道？　Nándào nǐ bù zhīdào?　まさか知らないのですか。
④ 我总吃不惯。　Wǒ zǒng chī bu guàn.　私はいつになっても食べ慣れません。
【解説】 "习惯了吗？"「慣れましたか」と尋ねられているので、②が正解です。

CD 13 (2) 那个姑娘真漂亮。她是谁？　Nàge gūniang zhēn piàoliang. Tā shì shéi?
あの女の子はとても綺麗ですね。誰ですか。
① 那个姑娘喜欢唱歌。　Nàge gūniang xǐhuan chànggē.
あの女の子は歌を歌うことが好きです。
❷ 她是小王的女朋友。　Tā shì Xiǎo Wáng de nǚpéngyou.
彼女は王さんのガールフレンドです。
③ 她在东京上学。　Tā zài Dōngjīng shàngxué.
彼女は東京で学校に通っています。
④ 她愿意和你交朋友。　Tā yuànyì hé nǐ jiāo péngyou.
彼女はあなたと友達になりたがっています。
【解説】 "她是谁？"「彼女は誰か」と尋ねられているので、"她是……"で答えている②が正解です。

CD 14 (3) 你打通电话了吗？　Nǐ dǎtōng diànhuà le ma?　電話が通じましたか。
① 我买了苹果的手机。　Wǒ mǎile Píngguǒ de shǒujī.
私はアップルの携帯電話を買いました。
② 你的电话费怎么那么贵呀？　Nǐ de diànhuàfèi zěnme nàme guì ya?
あなたの電話代はどうしてそんなに高いのですか。
❸ 没打通，她关机了。　Méi dǎtōng, tā guānjī le.
繋がりませんでした。彼女は電源を切っています。

④她的手机比我的好。　Tā de shǒujī bǐ wǒ de hǎo.
　彼女の携帯電話は私のより良い。

> 解説 ▶ "打通"「電話が通じる」を聞き取ることがポイントです。

(4) 我是独生子，你呢?　Wǒ shì dúshēngzǐ, nǐ ne?
　私は一人っ子です。あなたは。
①我是大学生。　Wǒ shì dàxuéshēng.　私は大学生です。
②我有两个孩子。　Wǒ yǒu liǎng ge háizi.　私には子どもが2人います。
③我家在山东省。　Wǒ jiā zài Shāndōng Shěng.
　私の家は山東省にあります。
❹我有一个姐姐和一个妹妹。　Wǒ yǒu yí ge jiějie hé yí ge mèimei.
　私はお姉さんが一人と妹が一人います。

> 解説 ▶ "独生子"「一人っ子」を聞き取ることがポイントです。兄弟がいることを説明している④が正解です。

(5) 我想你可能不来了。　Wǒ xiǎng nǐ kěnéng bù lái le.
　あなたはきっと来ないと思っていました。
①你怎么还让我来呢。　Nǐ zěnme hái ràng wǒ lái ne.
　あなたはどうして私を来させたのですか。
②我可能不来了。　Wǒ kěnéng bù lái le.　私はきっと来なかったでしょう。
❸说好的，我怎么能不来呢?　Shuō hǎo de, wǒ zěnme néng bù lái ne?
　約束したことなのに、私はどうして来ないのですか。
④我想明天过去。　Wǒ xiǎng míngtiān guòqu.　私は明日行きたいです。

> 解説 ▶ "怎么能不……"「どうして〜できない」と反語で「私は必ず来る」と強調している③が正解です。

unit 3　第 7 日目　解答と解説

step 1　ドリル　副詞／助詞

1 次の漢字をピンインと声調に直し、日本語訳をしましょう。

1. 终于
   zhōngyú　ついに
2. 洗澡
   xǐzǎo　入浴する
3. 餐厅
   cāntīng　レストラン
4. 发烧
   fāshāo　熱がある
5. 传真
   chuánzhēn　ファックス
6. 锻炼
   duànliàn　鍛える

2 次の文を正しい語順に直し、日本語に訳しましょう。

1. 我们都等着你回来。　私たちはあなたの帰りを待っています。
   Wǒmen dōu děngzhe nǐ huílai.
   > 解説　「待っている」は動作や状態の持続を表すので、動態助詞の"着"を使います。

2. 我是坐飞机来的。　私は飛行機で来ました。
   Wǒ shì zuò fēijī lái de.
   > 解説　"是……的"の構文で、実現済みの動作を取り立てます。ここでは方法を強調しています。

3. 你最好不要在这里停车。　あなたはここに車を停めない方がいいですよ。
   Nǐ zuìhǎo búyào zài zhèli tíngchē.
   > 解説　副詞"最好"は「～するのが一番いい」「～したほうがいい」の意味を表します。

3 次のピンインを簡体字に直し、日本語に訳しましょう。

1. 他高高兴兴地说："我有女朋友了！"
   Tā gāogao xìngxing de shuō："Wǒ yǒu nǚpéngyou le!"
   彼はとても嬉しそうに、「彼女ができた！」と言った。
   > 解説　二音節の形容詞の重ね型は AABB 型です。連用修飾語として使う時は、その後ろに連用修飾語のマーカーの"地"de をつけます。

2. 今天有点儿热。　今日は少し暑いです。
   Jīntiān yǒudiǎnr rè.

解説 ▶ 副詞"有点儿"は"有点儿＋形容詞"で「少し～だ」の意を表し、望ましくないことを表す時に使います。

3. **今天你又迟到了。** あなたは今日もまた遅刻しました。

   Jīntiān nǐ yòu chídào le.

   解説 ▶ すでに行われた動作の繰り返しを表す時に"又"を用います。これから行われる動作の繰り返しは"再"を用います。例："今天她不在家，你明天再来吧。"

4. **他还会说法语。** 彼はほかにもフランス語を話せる。

   Tā hái huì shuō Fǎyǔ.

   解説 ▶ 副詞"还"は「さらに」、「その上なお」、「ほかにも」とさらに付加していることを表します。

5. **都十点了，他还不起床呢。** もう10時だが、彼はまだ起きていない。

   Dōu shí diǎn le, tā hái bù qǐchuáng ne.

   解説 ▶ "都"には驚きを表すニュアンスがあります。"还……呢"で「まだ～している」と状態の持続を表します。

6. **为了您的健康，不该吃的不能再吃了！**

   Wèile nín de jiànkāng, bù gāi chī de bù néng zài chī le!

   あなたの健康のために、食べるべきでないものは、もう食べてはいけません。

   解説 ▶ ここでの"不能"は「～してはいけない」の意味で許可しないことを表しています。"再"は「これ以上」「二度と」の意味で使われています。

unit 3　第 8 日目　解答と解説

step 2　検定形式問題　　副詞・助詞

1 (1)〜(10)の中国語の空欄を埋めるのに最も適当なものを、それぞれ①〜④の中から1つ選びなさい。

(1) 妈! 别气（ 了 ）!　お母さん！もう怒らないで！
　　Mā! Bié qì le!
　　①　呢　　❷　了　　③　着　　④　吧

　解説　"别……了"で、眼前で起こっていることを「〜するな」と制止する言い方になります。

(2) 他也是从美国来（ 的 ）吗?　彼もアメリカから来たのですか。
　　Tā yě shì cóng Měiguó lái de ma?
　　①　了　　②　吧　　③　才　　❹　的

　解説　実現済みを表す"是……的"構文の"的"が正解です。

(3) 我老公喜欢躺（ 着 ）看电视。
　　Wǒ lǎogōng xǐhuan tǎngzhe kàn diànshì.
　　うちの旦那は横たわってテレビを見るのが好きだ。
　　①　在　　❷　着　　③　呢　　④　过

　解説　「横たわりながらテレビを見る」の意味なので、動作の持続と方法を表す"着"を選びます。

(4) 这件事（ 有点儿 ）麻烦。　この事はちょっと面倒だ。
　　Zhè jiàn shì yǒudiǎnr máfan.
　　❶　有点儿　yǒudiǎnr　　②　一些　yìxiē　　③　一点儿　yìdiǎnr
　　④　一下　yíxià

　解説　形容詞"麻烦"の前にある空欄なので、形容詞の後ろに使われる②や③は入りません。形容詞の前におけるのは①だけです。④は動詞の後ろに用い、軽く行う一回の動作量や、ごく短い時間幅を意味します。

(5) 以后你不能（ 再 ）这样做了。　今後もうこのようにしてはいけません。
　　Yǐhòu nǐ bù néng zài zhèyàng zuò le.
　　①　还　　❷　再　　③　又　　④　才

　解説　"不能再……"で「これ以上〜してはいけない」という意味を表します。その他の選択肢には、この用法はありません。

(6) 你明天（ 还 ）来不来？　明日もまた来ますか。
　　Nǐ míngtiān hái lái bu lái?
　　　① 又　　② 才　　③ 就　　❹ 还

　　解説　「また～する」の意味なので④を選びます。①はすでに行われた動作に使うのでここでは用いません。

(7) 今天工作非常多，晚上12点（ 才 ）回家。
　　Jīntiān gōngzuò fēicháng duō, wǎnshang shí'èr diǎn cái huíjiā.
　　今日は仕事がとても多く、夜12時にやっと帰宅した。
　　　❶ 才　　② 就　　③ 还　　④ 又

　　解説　副詞"就"は「早い」、副詞"才"は「遅い」と感じる時に対照的に用いられます。ここでは、「やっと帰る」の意味なので、①が正解です。

(8) 他的信我只是马马虎虎（ 地 ）看了一下。
　　Tā de xìn wǒ zhǐshì mǎma-hūhū de kànle yíxià.
　　彼の手紙はおおざっぱに読んだだけです。
　　　① 得　　❷ 地　　③ 的　　④ 着

　　解説　"马马虎虎" mǎma-hūhū は「いい加減である、おおざっぱである」の意味で、動詞"看"を修飾する連用修飾語のマーカーの②"地"を用います。①"得"は補語を導く働き、③"的"は定語（連体修飾語）を作る働き、④"着"は動詞の後ろに置き「～している状態で～する」の意味を表します。

(9) 飞机平平安安（ 地 ）到达目的地。　飛行機は無事に目的地に到着しました。
　　Fēijī píngping ān'an de dàodá mùdìdì.
　　　① 得　　② 着　　❸ 地　　④ 的

　　解説　"平安"は「無事である、平穏である」の意味です。重ね型はAABB型で"平平安安"となります。動詞"到达" dàodá を修飾する連用修飾語のマーカー"地"を用います。

(10) 都九点了，哥哥还睡觉（ 呢 ）。
　　Dōu jiǔ diǎn le, gēge hái shuìjiào ne.
　　もう9時になりましたが、兄はまだ寝ています。
　　　① 吧　　② 了　　❸ 呢　　④ 着

　　解説　「まだ～している」の意味なので、状態の持続を表す③が正解です。

unit 3　第9日目　解答と解説

step 3　リスニング　一問一答

CD 17 (1) 你有什么好看的小说吗？
　　　Nǐ yǒu shénme hǎokàn de xiǎoshuō ma?
　　　何か面白い小説を持っていますか？
　　①我经常看中文小说。
　　　Wǒ jīngcháng kàn Zhōngwén xiǎoshuō.
　　　私はよく中国語の小説を読みます。
　　②我特别喜欢看小说。Wǒ tèbié xǐhuan kàn xiǎoshuō.
　　　私は小説を読むのがとても好きです。
　　❸有啊。明天我给你带来。　Yǒu a. Míngtiān wǒ gěi nǐ dàilai.
　　　ありますよ。明日あなたに持っていきます。
　　④我家有很多小说。　Wǒ jiā yǒu hěn duō xiǎoshuō.
　　　私の家にたくさんの小説があります。
　　　【解説】"你有什么好看的小说吗?"「何か面白い小説を持っていますか」の"什么"は疑問の意味ではなく、不定の「何か」を表しているので、自分が面白い小説を持っているかどうかを答える③が正解です。

CD 18 (2) 你今天在学校呆到几点？　Nǐ jīntiān zài xuéxiào dāi dào jǐ diǎn?
　　　あなたは今日何時まで学校にいますか？
　　①大概三个小时吧。　Dàgài sān ge xiǎoshí ba.　おそらく3時間です。
　　❷大概到五点半吧。　Dàgài dào wǔ diǎn bàn ba.　おそらく5時半までです。
　　③我今天八点来学校的。　Wǒ jīntiān bā diǎn lái xuéxiào de.
　　　私は今日8時に学校に来たのです。
　　④我从十点开始上课。　Wǒ cóng shí diǎn kāishǐ shàngkè.
　　　私は10時から授業が始まります。
　　　【解説】"呆到几点?"「何時までいますか」の"到"は結果補語で、「ある時点まで続く」という意味です。②の「おそらく5時半までです」が正解です。

CD 19 (3) 我们一会儿怎么去电影院？　Wǒmen yíhuìr zěnme qù diànyǐngyuàn?
　　　私たち後でどのように映画館に行きますか？
　　①电影院离这儿不太远。　Diànyǐngyuàn lí zhèr bú tài yuǎn.

映画館はここからあまり遠くないです。

②**我今天不想看电影。** Wǒ jīntiān bù xiǎng kàn diànyǐng.

私は今日映画を見たくないです。

❸**我们坐公共汽车去吧。** Wǒmen zuò gōnggòng qìchē qù ba.

私たちはバスで行きましょう。

④**我不会骑自行车，怎么办？** Wǒ bú huì qí zìxíngchē, zěnme bàn?

私は自転車に乗れません。どうしましょうか。

> 解説　"怎么去?"「どのように行きますか」と方法を尋ねられているので、「バスで行く」と答える③が正解です。

CD 20 (4) **咱们先去吃饭，还是先去买东西？**

Zánmen xiān qù chīfàn, háishi xiān qù mǎi dōngxi?

私たちは先に食事に行きますか、それとも買い物に行きますか。

①**晚上我想吃中餐。** Wǎnshang wǒ xiǎng chī zhōngcān.

私は晩御飯に中華料理を食べたいです。

②**天冷了，我要买件毛衣。** Tiān lěng le, wǒ yào mǎi jiàn máoyī.

寒くなりました。私はセーターを買いたいです。

❸**先去书店买词典吧。** Xiān qù shūdiàn mǎi cídiǎn ba.

先に本屋に行って辞書を買いましょう。

④**先来一个麻婆豆腐吧。** Xiān lái yí ge mápódòufu ba.

まず麻婆豆腐を一皿ください。

> 解説　"(是)……还是"を用いて「先に食事に行く」と「先に買い物に行く」という2つの選択肢から1つを選んでほしいという疑問文です。③が正解です。

CD 21 (5) **请问，车站附近有邮局吗？** Qǐngwèn, chēzhàn fùjìn yǒu yóujú ma?

お尋ねします。駅の近くに郵便局はありますか。

①**车站离这儿不远。** Chēzhàn lí zhèr bù yuǎn.

駅はここから遠くないです。

❷**邮局就在车站的对面。** Yóujú jiù zài chēzhàn de duìmiàn.

郵便局は駅の向かいにあります。

③**我马上去邮局。** Wǒ mǎshang qù yóujú.

私はすぐ郵便局に行きます。

④这儿附近没有车站。　Zhèr fùjìn méiyǒu chēzhàn.
この近くに駅はありません。

解説 ▶ "邮局"があるかを尋ねられているので、郵便局の場所を説明する②が正解です。

unit 4　第 10 日目　解答と解説

step 1　ドリル　[方向補語／可能補語]

1　次の漢字をピンインと声調に直し、日本語訳をしましょう。

1. 风景　fēngjǐng　景色
2. 游览　yóulǎn　観光する
3. 计划　jìhuà　計画、企画
4. 顺便　shùnbiàn　ついでに
5. 手续　shǒuxù　手続き
6. 预定　yùdìng　予約する
7. 签证　qiānzhèng　ビザ
8. 讨论　tǎolùn　討論する
9. 广告　guǎnggào　広告

2　次の文を正しい語順に直し、日本語に訳しましょう。

1. 老师走进来了。　Lǎoshī zǒujìn lái le.　先生が入ってきた。

   解説　「動詞＋〔上／下／进／出／回／过／起／开〕＋来／去」で動作・行為によって人やものが移動する方向を表し、複合方向補語といいます。ここでは、"走进来"で「先生が外から中に歩いて入ってくる」という意を表します。

2. 他走进教室来了。　Tā zǒu jìn jiàoshì lái le.　彼は教室に入ってきた。

   解説　1と同じく複合方向補語の問題です。目的語がある場合、それが場所を表すなら、必ず"来／去"の前に置きます。

3. 你今天十二点以前回得来吗?　Nǐ jīntiān shí'èr diǎn yǐqián huí de lái ma?
   あなたは今日12時前に帰って来られますか。

   解説　方向補語"回来"の動詞"回"と補語"来"の間に"得"を入れると、可能補語の肯定形となり、疑問形は"回得来吗"となります。否定形は動詞と補語の間に"不"を入れ"回不来"となります。

4. 那个包很大，放得进去放不进去?
   Nàge bāo hěn dà, fàng de jìnqu fàng bu jìnqu?
   その鞄は大きいですが、入れることができますか。

   解説　可能補語の反復疑問文では「肯定形＋否定形」となります。"放得进去放不进去?"＝"放得进去吗?"

5. 今天晚上六点你回得来回不来?

　　Jīntiān wǎnshang liù diǎn nǐ huí de lai huí bu lai?

　　今晩6時にあなたは帰って来ることができますか。

> **解説** 可能補語は不可能を表す否定形で用いられる場合が多く、肯定形は疑問文や反語文で使われることが多いです。

3 次の方向補語を伴う動詞フレーズに、それぞれ与えられた目的語を入れ、日本語の意味を書きましょう。

〔動詞フレーズ〕〔目的語〕

例:	进来	教室	⇒	进教室来	教室に入って来る
1.	进去	家	⇒	进家去	家に入っていく
2.	买来	一个苹果	⇒	买一个苹果来	リンゴを1つ買ってくる
3.	爬上去	长城	⇒	爬上长城去	長城に登っていく
4.	拿下来	一本杂志	⇒	拿下一本杂志来	雑誌を1冊持ってくる
5.	转过来	身	⇒	转过身来	振り返る

> **解説** 1、2のような単純方向補語であれ、3～5のような複合方向補語であれ、"来／去"のつくものは、目的語を"来／去"の前に置きます。特に、「家」や「長城」のような場所を表す目的語の場合は、必ず"来／去"の前に置きます。

unit 4　第 11 日目　解答と解説

step 2　検定形式問題　[方向補語／可能補語]

1　(1)〜(5) の中国語と声調の組み合わせが同じものを、それぞれ①〜④の中から1つ選びなさい。

(1) 风景　fēngjǐng（景色）
　① 分别　fēnbié（区別）　　② 天真　tiānzhēn（あどけない）
　③ 包括　bāokuò（含む）　　**④ 充满　chōngmǎn（満たす）**

(2) 顺便　shùnbiàn（ついでに）
　① 抱歉　bàoqiàn（申し訳なく思う）　② 改变　gǎibiàn（変える）
　③ 地道　dìdao（本場の）　　④ 措施　cuòshī（処置）

(3) 签证　qiānzhèng（ビザ）
　① 业余　yèyú（余暇）　　② 吸引　xīyǐn（引きつける）
　③ 关键　guānjiàn（肝心な点）　④ 危机　wēijī（危機）

(4) 广告　guǎnggào（広告）
　① 矛盾　máodùn（矛盾）　　② 勇敢　yǒnggǎn（勇敢である）
　③ 保证　bǎozhèng（保証する）　④ 损失　sǔnshī（損をする）

(5) 游览　yóulǎn（観光する）
　① 存在　cúnzài（存在する）　　**② 营养　yíngyǎng（栄養）**
　③ 缺少　quēshǎo（欠く）　　④ 温暖　wēnnuǎn（温暖である）

2　(6)〜(10) の日本語の意味になるように、それぞれ①〜④を並べ替えたとき、〔　〕内に入るものはどれか、最も適当なものを1つ選びなさい。

(6) 这么多啤酒　③ 喝　〔**④ 得**〕② 下去　① 吗？
　Zhème duō píjiǔ hē de xiàqu ma?
　解説▶「飲めます」は可能補語を用い、"喝得下去"の語順になります。

(7) 这个行李太重了，④ 一个人　② 搬〔**① 不**〕③ 动。
　Zhège xíngli tài zhòng le, yí ge rén bān bu dòng.
　解説▶動詞"动"は可能補語として使う時、人や物の位置を移動させる動作について、それを行う力があることを表します。

(8) 这本书太厚了，这周内　② 我　③ 看〔**④ 不**〕① 完。
　Zhè běn shū tài hòu le, zhè zhōu nèi wǒ kàn bu wán.

中検3級ファイナルチェック　47

> 解説　"看不完"kànbuwán は「読み終わることができない」の意味になり、中間の"不"は軽声で読みます。

(9) 我们　②回　〔❶宿舍〕　④去　③找　她吧。

Wǒmen huí sùshè qù zhǎo tā ba.

> 解説　目的語"宿舍"は"去"の前に置きます。

(10) 他　②走　①出　〔❸去〕　④了。

Tā zǒu chūqu le.

> 解説　「歩いて出ていく」の意味で"走出去"の語順になります。

文法ポイント5：方向補語

動作・行為の趨勢や方向を示します。

① 単純方向補語

動詞＋方向補語

	进	出	上	下	回	过	起	开
来	进来	出来	上来	下来	回来	过来	起来	开来
去	进去	出去	上去	下去	回去	过去		

② 複合方向補語

動詞＋〔上／下／進／出／回／過／起／开〕＋来／去

　　ex) 老师**走出去**了。　　　先生は出ていった。

　☆単純方向補語でも複合方向補語でも、目的語がある場合は、位置に注意が必要です。

　　①目的語が場所を表す場合

　　　必ず"来／去"の前に置きます。

　　　ex) 他**走进**教室**来**了。　　　彼は教室に入ってきた。

　　②目的語が一般事物（持ち運べるもの）の場合

　　　　場所を表す場合と同様、"来／去"の前に置きますが、動作がすでに完了しているときには、目的語を"来／去"の後ろにも置くことが出来ます。

　　　ex) 我想带相机**去**。　　　私はカメラを持っていきたい。

　　　　　我买**来**了一个苹果。　　　私はリンゴを1つ買ってきた。（完了）

文法ポイント6：可能補語

　結果補語、方向補語の前に"得"あるいは"不"を用いると、可能補語になり、「〜できる」「〜できない」の意味を生じます。

　　　ex）吃**得**饱（食べて・いっぱいになり得る⇒満腹できる）

　　　　　吃**不**饱（食べて・いっぱいにならない⇒満腹できない）

　　　　　回**得**来（帰ってくることができる）

　　　　　回**不**来（帰ってくることができない）

unit 4 　第 12 日目 　解答と解説

step 3 　リスニング 　二人三話

CD 22 (1) A：请问，中国银行在哪儿？　Qǐngwèn, Zhōngguó Yínháng zài nǎr?
　　　　　すみません、中国銀行はどこですか。
　　　B：在第一医院旁边。　Zài Dì-yī Yīyuàn pángbiān.　第一病院の隣です。
　　　A：①我生病了。　Wǒ shēngbìng le.　私は病気になりました。
　　　　②我在第一医院工作。　Wǒ zài Dì-yī Yīyuàn gōngzuò.
　　　　　私は第一病院で働いています。
　　　　❸第一医院怎么走？
　　　　　Dì-yī Yīyuàn zěnme zǒu?
　　　　　第一病院はどのように行きますか。
　　　　④谢谢，中国医院几点关门？
　　　　　Xièxie, Zhōngguó Yīyuàn jǐ diǎn guānmén?
　　　　　ありがとうございます。中国病院は何時に閉まりますか。

　解説　道を尋ねる会話文です。第一病院はどのように行くのか尋ねる③が正解です。

CD 23 (2) A：你今天穿得真漂亮。　Nǐ jīntiān chuān de zhēn piàoliang.
　　　　　今日の服、とても綺麗ですね。
　　　B：哪里啊，马马虎虎。　你的衣服更漂亮，在哪儿买的？
　　　　　Nǎli a, mǎma-hūhū. Nǐ de yīfu gèng piàoliang, zài nǎr mǎi de?
　　　　　そんなことないですよ、まぁまぁです。あなたの服はもっと綺麗ですよ、どこで買いましたか。
　　　A：①上星期一买的。　Shàng xīngqīyī mǎi de.　先週月曜日に買いました。
　　　　②这件衣服又漂亮又便宜。　Zhè jiàn yīfu yòu piàoliang yòu piányi.
　　　　　この服は綺麗で安いです。
　　　　❸今年过生日时，我姐姐送的礼物呢。
　　　　　Jīnnián guò shēngri shí, wǒ jiějie sòng de lǐwù ne.
　　　　　今年の誕生日に、お姉さんが贈ってくれたプレゼントです。
　　　　④我喜欢这件，可以试一下吗？
　　　　　Wǒ xǐhuan zhè jiàn, kěyǐ shì yíxià ma?
　　　　　これが気に入りました。ちょっと試着してもいいですか。

中検3級ファイナルチェック　51

解説 ▶ B「どこで買いましたか」と言ったのを受けて、Aが買ったのではなく、お姉さんにもらったと答える③が正解です。

CD 24 (3) A：你好，我能见王老板吗？　Nǐ hǎo, wǒ néng jiàn Wáng lǎobǎn ma?
こんにちは、王社長に会えますか。

B：你有预约吗？　Nǐ yǒu yùyuē ma?　約束していますか？

A：❶是的，约的是上午十点。
Shì de, yuē de shì shàngwǔ shí diǎn.
はい、10時に約束をしています。

②是的，王老师说十点在这里见。
Shì de, Wáng lǎoshī shuō shí diǎn zài zhèli jiàn.
はい、10時に会おうと王先生は言いました。

③没有，我跟老板约好了。　Méiyǒu, wǒ gēn lǎobǎn yuēhǎo le.
いいえ、私は社長と約束しました。

④没有，王老板工作不忙。　Méiyǒu, Wáng lǎobǎn gōngzuò bù máng.
いいえ、王社長は仕事が忙しくありません。

解説 ▶ "预约"は「予約」の意味です。王社長と約束があることを伝える①が正解です。②は"老板"ではなく"老师"となっているので間違いです。

CD 25 (4) A：理惠，你汉语说得很好。　Lǐhuì, nǐ Hànyǔ shuō de hěn hǎo.
理恵さん、中国語がとても上手ですね。

B：哪里，哪里，还差得远呢。你日语说得也不错。
Nǎli, nǎli, hái chà de yuǎn ne. Nǐ Rìyǔ shuō de yě búcuò.
いえいえ、まだまだです。あなたの日本語も上手ですよ。

A：①真糟糕！　Zhēn zāogāo!　しまった！
②原来如此。Yuánlái rúcǐ.　なるほど。
③怪不得。　Guàibude.　道理で。
❹过奖了。　Guòjiǎng le.　褒めすぎですよ。

解説 ▶ 褒められたときに返す言葉は④です。

CD 26 (5) A：你想吃点什么？　生鱼片还是寿司？
Nǐ xiǎng chī diǎn shénme? Shēngyúpiàn háishi shòusī?
何が食べたいですか。お刺身ですか、お寿司ですか。

B：先来点儿生鱼片吧。　Xiān lái diǎr shēngyúpiàn ba.
　　先にお刺身にしましょう。
A：①我爱吃四喜饭。　Wǒ ài chī sìxǐfàn.　私はお寿司が大好きです。
　　❷怎么样?　合不合你的口味?　Zěnmeyàng? Hé bu hé nǐ de kǒuwèi?
　　どうですか。お口に合いますか。
　　③服务员，结帐！Fúwùyuán, jiézhàng!
　　店員さん、お勘定をお願いします。
　　④欢迎光临，请问几位?　Huānyíng guānglín, qǐngwèn jǐ wèi?
　　いらっしゃいませ、何名様ですか。

解説 お刺身は注文した後なので、「口に合うかどうか」を尋ねる②が正解です。

unit 5 第 13 日目 解答と解説

step 1　ドリル　比較文

1 次の漢字をピンインと声調に直し、日本語訳をしましょう。

1. 抽烟　　　　　　　2. 事故　　　　　　　3. 交通
chōuyān 煙草を吸う　 shìgù 事故　　　　　 jiāotōng 交通

4. 注意　　　　　　　5. 安全　　　　　　　6. 舒服
zhùyì 注意する　　　 ānquán 安全な　　　　 shūfu 心地よい

7. 习惯　　　　　　　8. 感冒　　　　　　　9. 暖和
xíguàn 習慣　　　　　gǎnmào 風邪をひく　　 nuǎnhuo 暖かい

2 次の絵にもとづいて、（　）内の指示により比較の形でいいましょう。

1. （肯定）**这只猫比那只猫大。** この猫はあの猫より大きい。
   （否定）**那只猫没有这只猫大。**
   　　　　あの猫はこの猫ほど大きくない。

这　　那

> 解説　「AはBより～だ」は"A比B＋形容詞"で表します。また、「AはBほど～ではない」と否定を表すときは、"A没有B＋(那么)＋形容詞"で表します。

2. （年齢差）**这个男孩儿比那个女孩儿大七岁。**
   　　　　　この男の子はあの女の子より7歳年上である。
   （年齢差）**那个女孩儿比这个男孩儿小七岁。**
   　　　　　あの女の子はこの男の子より7歳年下である。

五岁　　十二岁

> 解説　比較した差の量は形容詞の後に置きます。差が小さい場合は"一点儿"大きい場合は"得多（多い）"か"多了（はなはだしい）"をよく置きます。

3 次の文を正しい語順に直し、日本語に訳しましょう。

1. 姐姐跟妈妈一样高。　お姉さんの身長はお母さんと同じです。
   Jiějie gēn māma yíyàng gāo.

> 解説　"A跟B一样"は「AはBと同じ」の意味で、否定は"不……一样"を用います。例えば、"妹妹的书包跟我的（书包）不一样。"

2. **中国的面积没有俄罗斯的大。** 中国の面積はロシアほど大きくありません。
   Zhōngguó de miànjī méiyǒu Éluósī de dà.
   > 解説 比較の否定を表す「AはBほど…ない」は"没有"を使います。"不比"は異なるニュアンスになります。

3. **我家的猫比你家的大一点儿。** Wǒ jiā de māo bǐ nǐ jiā de dà yìdiǎnr.
   我が家の猫はあなたの家の（猫）よりやや大きい。
   > 解説 比較の差を表す「やや」は"一点儿"を使って形容詞の後に置きます。

4. **武汉的夏天比东京的热得多。** Wǔhàn de xiàtiān bǐ Dōngjīng de rè de duō.
   武漢の夏は東京の夏よりずっと熱い。
   > 解説 比較文で「ずっと～だ」というときには、"形容詞＋得 de 多"あるいは"形容詞＋多了"を用います。何かと比較をしてその差が大きいことを表します。

5. **我的汉语水平不如他的高。** Wǒ de Hànyǔ shuǐpíng bùrú tā de gāo.
   私の中国語のレベルは彼のほどではありません。
   > 解説 "A不如B"は、AはBに「かなわない」、「及ばない」の意味で、日常よく使う比較の言い方です。例えば、"百闻不如一见"「百聞は一見に如かず」など。

中検3級ファイナルチェック

unit 5　第 14 日目　解答と解説

step 2　検定形式問題　[比較文]

1 (1)～(5) の中国語と声調の組み合わせが同じものを、それぞれ①～④の中から1つ選びなさい。

(1) 抽烟　chōuyān（タバコを吸う）
　① 医院　yīyuàn（病院）　　② 气温　qìwēn（気温）
　③ 咳嗽　késou（咳が出る）　**❹** 加班　jiābān（残業する）

(2) 事故　shìgù（事故）
　① 马路　mǎlù（通り）　　**❷** 预报　yùbào（予報）
　③ 联系　liánxì（連絡する）　④ 交通　jiāotōng（交通）

(3) 安全　ānquán（安全な）
　① 程度　chéngdù（程度）　　② 心脏　xīnzàng（心臓）
　❸ 当时　dāngshí（当時）　　④ 安静　ānjìng（静か）

(4) 舒服　shūfu（心地よい）
　① 尾巴　wěiba（しっぽ）　　② 交际　jiāojì（交流する）
　❸ 妻子　qīzi（妻）　　④ 凉快　liángkuai（涼しい）

(5) 习惯　xíguàn（習慣）
　① 感冒　gǎnmào（風邪をひく）　② 技术　jìshù（技術）
　❸ 迟到　chídào（遅刻する）　④ 停止　tíngzhǐ（停止する）

2 (6)～(10) の中国語の空欄を埋めるのに最も適当なものを、それぞれ①～④の中から1つ選びなさい。

(6) 这家饭店（　没有　）那家饭店贵。　この店はあの店ほど高くない。
　Zhè jiā fàndiàn méiyǒu nà jiā fàndiàn guì.
　❶ 没有　méiyǒu　② 不　bù　③ 不太　bútài　④ 比较　bǐjiào
　解説▶「A は B ほど～ない」と比較の否定を表す時は"没有"を使います。

(7) 我的毛衣跟你的（　一样　）。　私のセーターはあなたのと同じです。
　Wǒ de máoyī gēn nǐ de yíyàng.
　① 一起　yìqǐ　**❷** 一样　yíyàng　③ 一定　yídìng
　④ 一点儿　yìdiǎnr

解説　比較文で、類似を表すときには、"跟……一样"を用いるので、②が正解です。

(8) 这儿（　比　）东京冷多了。　ここは東京よりずっと寒い。
Zhèr bǐ Dōngjīng lěng duō le.
　　① 被　bèi　　❷ 比　bǐ　　③ 把　bǎ　　④ 没有　méi yǒu
解説　"冷多了"「ずっと寒い」とあるので、比較の意味を表す②が正解です。

(9) 明天比今天（　还　）热呢。　明日は今日よりまだ暑い。
Míngtiān bǐ jīntiān hái rè ne.
　　❶ 还　hái　　② 很　hěn　　③ 不　bù　　④ 非常　fēicháng
解説　比較文の場合、「AはBより～」と比べた結果がどうであるかを述べるので「まだ～」の意味をもつ①が正解です。程度副詞には2種類あり、一つは"有点儿（少し）""很（とても）""非常（非常に）"など「主体の程度に焦点が置かれているもの」です。もう一つは、"还（まだ）""更（さらに）""比较（比較的）""最（もっとも）"など「主体との程度差に焦点が置かれているもの」です。比較文では後者を用います。

(10) 今年的比赛（　不如　）去年的好看。　今年の試合は去年ほど面白くない。
Jīnnián de bǐsài bùrú qùnián de hǎokàn.
　　❶ 不如　bùrú　　② 不好　bù hǎo　　③ 不像　bú xiàng　　④ 不太　bú tài
解説　AはBに「かなわない」、「及ばない」を言うときには、"A不如B"を使うので、①が正解です。③の"不像"を使う場合は、"今年的比赛不像去年的那么好看"と"那么"とセットになり、同じ意味を表すことができます。

中検3級ファイナルチェック　57

文法ポイント7：比較文

① 介詞 "比" を用います。

　　A比B……　　「AはBより～」

　　　ex）这个**比**那个贵。　　これはあれより（値段が）高いです。

　　　☆「AはBよりずっと～だ」と表現したいとき、副詞の"更"、"还"を用いることができます。"很"、"非常"、"特別"などの副詞は置くことができません。
　　　ex）这个**比**那个**还**贵。　　これはあれよりずっと（値段が）高いです。

② AがBのレベルに達していないことを表します。

　　A没有B……　　「AはBほど～ではありません」

　　　ex）这个**没有**那个贵。　　これはあれほど高くありません。

③ 介詞 "跟" や "和"（書き言葉）を用いて類似や異同を表します。

　　A跟B一样……　「AはBと同じ～」

　　　ex）我**跟**小王一样大。　　私と王さんは同じ年です。

unit 5　第 15 日目　解答と解説

step 3　リスニング 〔二人三話〕

CD 27 (1)　A：你是第一次来中国吗？　Nǐ shì dì-yī cì lái Zhōngguó ma?
　　　　　　あなたは初めて中国に来たのですか。
　　　　　B：不，五年前来过一次。　Bù wǔ nián qián láiguo yí cì.
　　　　　　いいえ、5年前に一度来たことがあります。
　　　　　A：①五年前你去哪儿了？　Wǔ nián qián nǐ qù nǎr le?
　　　　　　　5年前どこに行きましたか。
　　　　　　②五年前的今天你在做什么？
　　　　　　　Wǔ nián qián de jīntiān nǐ zài zuò shénme?
　　　　　　　5年前の今日は何をしていましたか。
　　　　　　③有机会一定要来中国看看啊。
　　　　　　　Yǒu jīhuì yídìng yào lái Zhōngguó kànkan a.
　　　　　　　機会があれば中国を見に来てくださいね。
　　　　　　❹这五年变化大不大？　Zhè wǔ nián biànhuà dà bu dà?
　　　　　　　この5年間の変化は大きいですか。

解説　B「5年前に一度来たことがある」と言っているので、④が正解です。

CD 28 (2)　A：这周日你有没有时间？　有件事儿想麻烦您。
　　　　　　Zhè zhōurì nǐ yǒu méiyǒu shíjiān? Yǒu jiàn shìr xiǎng máfan nín.
　　　　　　今週の日曜日は時間がありますか。お願いしたいことがあるのですが。
　　　　　B：可以啊，什么事儿？　Kěyǐ a, shénme shìr?
　　　　　　いいですよ。どうしましたか。
　　　　　A：❶想请你帮我翻译一些资料。
　　　　　　　Xiǎng qǐng nǐ bāng wǒ fānyì yìxiē zīliào.
　　　　　　　ある資料を翻訳してほしいのです。
　　　　　　②好的，我星期日打算去美术馆。
　　　　　　　Hǎo de, wǒ xīngqīrì dǎsuan qù měishùguǎn.
　　　　　　　いいですよ。私は日曜日に美術館へ行く予定です。
　　　　　　③好的，我这周六有时间。　Hǎo de, wǒ zhè zhōuliù yǒu shíjiān.
　　　　　　　いいですよ。今週の土曜日は時間があります。
　　　　　　④她想在家休息呢。　Tā xiǎng zài jiā xiūxi ne.

中検3級ファイナルチェック　59

彼女は家で休みたいです。

解説　日曜日に手伝ってもらいたい内容を答えている①が正解です。

(3) A：**你现在在哪儿工作？**　Nǐ xiànzài zài nǎr gōngzuò?
　　　あなたは今どこで働いていますか。

　　B：**我在软件公司工作。你呢？**
　　　Wǒ zài ruǎnjiàn gōngsī gōngzuò. Nǐ ne?
　　　ソフトウェアの会社で働いています。あなたは？

　　A：①**我住在离学校很远的地方。**
　　　　Wǒ zhù zài lí xuéxiào hěn yuǎn de dìfang.
　　　　私は学校からとても遠い所に住んでいます。

　　　❷**我在银行工作。**　Wǒ zài yínháng gōngzuò.　私は銀行で働いています。
　　　③**我们先去工厂干活吧。**　Wǒmen xiān qù gōngchǎng gànhuó ba.
　　　　私たちは先に工場に行って働きましょう。
　　　④**软件公司的工资怎么样？**　Ruǎnjiàn gōngsī de gōngzī zěnmeyàng?
　　　　ソフトウェアの会社の給料はどうですか。

解説　働いている場所を尋ねられているので②が正解です。

(4) A：**木村，你在干什么呢？**　Mùcūn, nǐ zài gàn shénme ne?
　　　木村さん、今何をしていますか。

　　B：**我在超市买菜。你在干什么呢？**
　　　Wǒ zài chāoshì mǎi cài. Nǐ zài gàn shénme ne?
　　　私はスーパーで野菜を買っています。あなたは何をしていますか。

　　A：①**我会开车，你想去哪儿？**　Wǒ huì kāichē, nǐ xiǎng qù nǎr?
　　　　私は運転ができます。どこに行きたいですか。
　　　②**我要买猪肉，你可以帮我买吗？**
　　　　Wǒ yào mǎi zhūròu, nǐ kěyǐ bāng wǒ mǎi ma?
　　　　私は豚肉を買いたいです。代わりに買ってきてくれますか。
　　　❸**我正在听音乐呢。**　Wǒ zhèngzài tīng yīnyuè ne.
　　　　私は今音楽を聞いています。
　　　④**昨天我在超市看到你了。**　Zuótiān wǒ zài chāoshì kàndào nǐ le.
　　　　昨日スーパーであなたを見かけました。

解説 ▶ 「何をしているのか」を尋ねられているので現在進行形を表す③が正解です。

(5) A：欢迎光临。您要点儿什么？
Huānyíng guānglín. Nín yào diǎnr shénme?
いらっしゃいませ。ご注文は何になさいますか。

B：要两瓶啤酒、两杯橙汁。 Yào liǎng píng píjiǔ, liǎng bēi chéngzhī.
ビールを2本と、オレンジジュースを2杯ください。

A：①你不想喝吗? Nǐ bù xiǎng hē ma?
あなたは飲みたくないのですか。

②别客气，请多吃点儿。 Bié kèqi, qǐng duō chī diǎnr.
遠慮しないで、たくさん食べてください。

③可以帮我开发票吗? Kěyǐ bāng wǒ kāi fāpiào ma?
領収書をいただけますか。

❹还要点儿什么? Hái yào diǎnr shénme? 他に何か注文されますか。

解説 ▶ 店員が注文を聞いている会話です。飲み物を注文したので、他の注文を聞く内容の④が正解です。

中検3級ファイナルチェック 61

第 16 日目 解答と解説

step 1 ドリル "把"構文

1 次の漢字をピンインと声調に直し、日本語訳をしましょう。

1. 地址
dìzhǐ 住所

2. 精彩
jīngcǎi 素晴らしい

3. 欢送
huānsòng 送別する

4. 旅游
lǚyóu 旅行する

5. 按照
ànzhào ～によって

6. 顾客
gùkè 顧客、お得意

2 次の文を正しい語順に直し、日本語に訳しましょう。

1. 小王把那本书带来了。
Xiǎo Wáng bǎ nà běn shū dàilái le. 王さんはその本を持ってきた。

   > 解説 "把"は特定の対象（目的語）を動詞述語の前に引き出す構文で、動詞には何らかの後置成分をつけます。語順は「"把"＋目的語＋動詞＋α」で、対象は特定のものなので、"一本书"は言えず、"那本书"になります。

2. 请你把传真发过去。
Qǐng nǐ bǎ chuánzhēn fā guòqu. ファックスを送ってください。

   > 解説 目的語"传真"chuánzhēn を"把"の後ろに置きます。

3. 我把他送到机场了。
Wǒ bǎ tā sòngdào jīchǎng le. 私は彼を空港まで送りました。

   > 解説 "把"構文なので、動詞"送"sòng の後にプラスαを付けます。ここでは"送到……"「～まで送る」と示します。

4. 我们能把那些活儿干完。
Wǒmen néng bǎ nà xiē huór gànwán.
私たちはそれらの仕事をやり終える事ができる。

   > 解説 "把"構文に助動詞がある場合、必ず"把"の前に置きます。

5. 我昨天没把作业做完。
Wǒ zuótiān méi bǎ zuòyè zuòwán. 私は昨日宿題をし終えなかった。

   > 解説 "把"構文では、否定を表す"不／没"は"把"の前に置きます。

3 例にならって、次の"把"構文【把＋目的語＋動詞＋在＋場所】を作り、日本語に訳しましょう。

例：名字　写　本子上　⇒　他把名字写在本子上了。　彼は名前をノートに書いた。

1. 课本　放　桌子上　⇒　他把课本放在桌子上了。　彼は教科書を机の上に置いた。
2. 钱包　忘　教室里　⇒　他把钱包忘在教室里了。　彼は財布を教室に忘れた。
3. 大衣　挂　衣架上　⇒　他把大衣挂在衣架上了。　彼はコートをハンガーにかけた。

解説　動詞が結果補語"在"を伴い、さらにその後ろに場所目的語があって、ある事物や人がその場所に位置づけられることを言い表そうとする場合、よくこの"把"構文が使われます。

4 例にならって、次の"把"構文を受身の"被"構文に書き直しましょう。

例：小偷把我的钱包偷走了。　⇒　我的钱包被小偷偷走了。

1. 小妹妹把妈妈的手机弄丢了。　⇒　妈妈的手机被小妹妹弄丢了。
2. 他把钱包忘在出租车上了。　⇒　钱包被他忘在出租车上了。
3. 我爸爸把收音机弄坏了。　⇒　收音机被我爸爸弄坏了。

解説　"被"を使った受身文は、「主語＋"被"＋行為者＋動詞＋その他の成分」の語順になります。

第 17 日目 解答と解説

step 2　検定形式　"把"構文

1 (1)〜(6)の日本語の意味に合う中国語を、それぞれ①〜④の中から1つ選びなさい。　【1問1点】

(1) 私は携帯電話を失くしました。

　❶我把手机弄丢了。　Wǒ bǎ shǒujī nòngdiū le.
　②我弄把手机丢了。
　③我把弄丢了手机。
　④我把手机丢弄了。

　解説▶「"把"＋目的語＋動詞＋α」の語順に合う①が正解です。

(2) あなたはテーブルを綺麗に拭くべきです。

　①你把桌子应该擦干净。
　②你把桌子应该干净擦。
　❸你应该把桌子擦干净。　Nǐ yīnggāi bǎ zhuōzi cā gānjìng.
　④你应该擦干净把桌子。

　解説▶助動詞"应该"は"把"の前に置くので③が正解です。"擦干净"は動詞"擦"に結果補語としての"干净"が付き「綺麗に拭く」の意味になります。

(3) 私たちはすでにその資料を持ち帰りました。

　①我们把已经那份资料拿走了。
　❷我们已经把那份资料拿走了。　Wǒmen yǐjīng bǎ nà fèn zīliào ná zǒu le.
　③我们把那份资料已经拿走了。
　④我们已经拿走把那份资料了。

　解説▶副詞"已经"は"把"の前に置くので②が正解です。

(4) 私はこのことを両親に言いたくありません。

　①我把这件事不想告诉父母。
　②我把不想这件事告诉父母。
　③我把这件事告诉不想父母。
　❹我不想把这件事告诉父母。　Wǒ bù xiǎng bǎ zhè jiàn shì gàosu fùmǔ.

　解説▶"不／没"を用いて否定する時は"把"の前に置くので④が正解です。

(5) 私はあなたを家まで送ります。
　　❶我把你送到家门口。　Wǒ bǎ nǐ sòngdào jiā ménkǒu.
　　②我把你送家门口到。
　　③我送到把你家门口。
　　④我把你家门口送到。
　　解説　「"把"＋目的語＋動詞＋"到"＋場所」の語順で、「家まで送る」は"送到家门口"なので、①が正解です。"到"は「～まで」の意味で結果補語です。

(6) 私は中国語を日本語に翻訳します。
　　①我翻译把中文成日文。
　　②我把中文成翻译日文。
　　❸我把中文翻译成日文。　Wǒ bǎ Zhōngwén fānyì chéng Rìwén.
　　④我把中文翻译日文成。
　　解説　「"把"＋目的語＋動詞＋"成"」の語順で、「日本語に翻訳する」は"翻译成日文"なので、③が正解です。"成"は「～にする」「～になる」の意味で結果補語です。

2　(1)～(4) の日本語を中国語に訳し、漢字（簡体字）で書きなさい。

(1) 我把作业做完了。　Wǒ bǎ zuòyè zuòwan le.
　　解説　"我做完了作业"を"把"構文にすると、対象である"作业"を「どうしようとするのか」、それらに「どういう行為・処置を加えようとするのか」という、処置の意図が加わります。

(2) 他昨天没把那件事告诉张老师。
　　Tā zuótiān méi bǎ nà jiàn shì gàosu Zhāng lǎoshī.
　　解説　"把"構文の否定形は、必ず"把"の前に"没"や"不"を置きます。

(3) 他把那杯牛奶喝光了。
　　Tā bǎ nà bēi niúnǎi hēguāng le.
　　解説　"把"構文は目的語である事物に「行為・処置を加える」ので、その目的語はぼんやりとした不定のものではなく、はっきりそれと分かる特定のものである必要があります。"一杯牛奶"は言えず"那杯牛奶"になります。

(4) **我今天晚上不把练习做完，就不休息。**
　　Wǒ jīntiān wǎnshang bù bǎ liànxí zuòwán, jiù bù xiūxi.

> **解説** "把"構文では、否定を表す"不／没"は"把"の前に置きます。"不"はほとんど条件文の中でしか使えません。
> 例："不把准备工作做完，我们不回家。"

文法ポイント8："把"構文

"把"は特定の対象（目的語）を動詞述語の前に引き出し、対象に処置したり、影響を与える構文です。動詞には何らかの後置成分をつけ、対象は特定のものです。副詞や助動詞などは、"把"の前に置きます。

"把"＋目的語＋動詞＋後置成分

　ex) 我**把**作业做完了。　　　私は宿題をやり終えた。
　　　你应该**把**桌子擦干净。　あなたはテーブルを綺麗に拭くべきです。

unit 6　第 18 日目　解答と解説

step 3　リスニング　二人三話

CD 32 (1)　A：你周末想去哪儿玩儿？　Nǐ zhōumò xiǎng qù nǎr wánr?
　　　　　あなたは週末にどこへ遊びに行きたいですか。
　　　　B：我还没想好。你呢？　Wǒ hái méi xiǎnghǎo. Nǐ ne?
　　　　　まだ決めておりません。あなたは？
　　　　A：①我也特别想出去玩儿。　Wǒ yě tèbié xiǎng chūqu wánr.
　　　　　　私もとても遊びに出かけたいです。
　　　　　②我们星期六几点出发？　Wǒmen xīngqīliù jǐ diǎn chūfā?
　　　　　　私たちは土曜日の何時に出発しますか。
　　　　　③我们大家一起去吧。　Wǒmen dàjiā yìqǐ qù ba.
　　　　　　私たちみんな一緒に行きましょうよ。
　　　　　❹我想去钓鱼，你也一起去怎么样？
　　　　　　Wǒ xiǎng qù diàoyú, nǐ yě yìqǐ qù zěnmeyàng?
　　　　　　私は釣りに行きたいです。あなたも一緒にどうですか。

　　　解説▶　週末に行きたい場所を尋ねられたところ、"没想好"「まだ決めていない」とのことで、行く場所を提案する④が正解です。

CD 33 (2)　A：你看见我的手机了吗？　Nǐ kànjian wǒ de shǒujī le ma?
　　　　　私の携帯を見かけましたか。
　　　　B：你今天带手机了吗？　Nǐ jīntiān dài shǒujī le ma?
　　　　　あなたは今日携帯を持ってきましたか。
　　　　A：①我有时把手机放在书包里。　Wǒ yǒushí bǎ shǒujī fàng zài shūbāo li.
　　　　　　時には携帯をカバンの中に入れています。
　　　　　❷我刚才还用手机给小王打过电话。
　　　　　　Wǒ gāngcái hái yòng shǒujī gěi Xiǎo Wáng dǎguo diànhuà.
　　　　　　私は先ほど携帯で王さんに電話をかけました。
　　　　　③我马上帮你去找。
　　　　　　Wǒ mǎshàng bāng nǐ qù zhǎo.
　　　　　　すぐ携帯探しを手伝います。
　　　　　④我没看见你的手机。　Wǒ méi kànjian nǐ de shǒujī.
　　　　　　私はあなたの携帯を見かけませんでした。

中検3級ファイナルチェック

> 解説　自分の携帯を探している A は、「今日携帯を持ってきましたか」と B から尋ね返えされたのを受け、先ほども携帯を使ったと答える②が正解です。

CD34 (3) A：今天妈妈过生日，你早点儿回来。
　　　　　Jīntiān māma guò shēngri, nǐ zǎo diǎnr huílai.
　　　　　今日はお母さんの誕生日ですから、早めに帰って来てください。

B：好。有什么要买的吗? 　Hǎo。Yǒu shénme yào mǎi de ma?
　　はい、何か買って来てほしいものがありますか。

A：①对，我也马上回家。
　　　Duì, wǒ yě mǎshàng huíjiā.
　　　そうです。私もすぐ家に帰ります。

②我给妈妈买了一件毛衣。 Wǒ gěi māma mǎile yíjiàn máoyī.
　私はお母さんにセーターを一着買いました。

❸不用了，我都已经准备好了。
　Búyòng le, wǒ dōu yǐjīng zhǔnbèi hǎo le.
　要りません。私はすでに用意しました。

④五点之前回来就行。 Wǔ diǎn zhī qián huílai jiù xíng.
　5時前に帰ってくればいいです。

> 解説　"有什么要买的吗?"「何か買って来てほしいものがありますか」と尋ねられているので、「すでに用意してある」の意味の③が正解です。

CD35 (4) A：你喜欢红色的还是白色的? 　Nǐ xǐhuan hóngsè de háishi báisè de?
　　　　　あなたは赤いのが好きですか、それとも白いのが好きですか。

B：只要是你给我买的，什么颜色的我都喜欢。
　　Zhǐyào shì nǐ gěi wǒ mǎi de, shénme yánsè de wǒ dōu xǐhuan.
　　あなたが買ってくれるなら、どんな色でも好きです。

A：①我也觉得白色的好。 Wǒ yě jué de báisè de hǎo.
　　　私も白いのがいいと思います。

❷那就买红色的吧。 Nà jiù mǎi hóngsè de ba.
　それなら赤いのを買いましょう。

③那我们下次再买吧。 Nà wǒmen xià cì zài mǎi ba.
　それなら今度買いましょう。

④红色的比白色的贵一点儿。 Hóngsè de bǐ báisè de guì yìdiǎnr.
赤は白より少し高い。

> 解説 "只要是你给我买的"「あなたが買ってくれる」という条件さえ満たせば、色は何でもいいと言ったので、Aが色を決める②が正解です。"只要……"は「～さえすれば～」の意味で必要条件を表します。

(5) A：你跟小张谁的年纪大?　Nǐ gēn Xiǎo Zhāng shéi de niánjì dà?
あなたと張さんはどちらが年上ですか。

B：小张比我大三岁。　Xiǎo Zhāng bǐ wǒ dà sān suì.
張さんは私より3歳年上です。

A：❶是吗?　小张都那么大了啊。　Shì ma? Xiǎo Zhāng dōu nàme dà le a.
そうですか。張さんはもうそんなに年ですか。

②是吗?　小张还没有你大啊。
Shì ma? Xiǎo Zhāng hái méiyǒu nǐ dà a.
そうですか。張さんはあなたほど年じゃないですか。

③是吗?　小张比你小那么多啊。
Shì ma? Xiǎo Zhāng bǐ nǐ xiǎo nàme duō a.
そうですか。張さんはあなたよりそんなに年下ですか。

④是吗?　你比小张大那么多啊。
Shì ma? Nǐ bǐ Xiǎo Zhāng dà nàme duō a.
そうですか。あなたは張さんよりそんなに年上ですか。

> 解説 比較文の問題です。②、③、④はいずれも「張さんが私より年下」という意味を表しているので、①の「張さんはもうそんなに年ですか」が正解です。

unit 7　第19日目　解答と解説

step 1　ドリル　受身文／兼語文

1 次の漢字をピンインと声調に直し、日本語訳をしましょう。

1. 保证　bǎozhèng　保証する
2. 准时　zhǔnshí　時間通りに
3. 胶卷　jiāojuǎn　フィルム
4. 打扰　dǎrǎo　お邪魔をする
5. 照顾　zhàogù　世話をする
6. 继续　jìxù　続く、続ける

2 次の文を正しい語順に直し、日本語に訳しましょう。

1. 小王被车撞伤了。　Xiǎo Wáng bèi chē zhuàngshāng le.
   王さんは車にぶつけられて怪我をしました。
   > 解説　受身を表す"被"構文の問題です。「動作を受けるもの＋"被"／"叫"／"让"＋動作を実行するもの＋動詞句」の語順になります。

2. 花瓶被打碎了。　花瓶は割られた。　Huāpíng bèi dǎsuì le.
   > 解説　特に動作主を言う必要がなかったり、動作主が一般的な「人々」であったりする場合には、省略することがあります。

3. 那本书可能让人借走了。　Nà běn shū kěnéng ràng rén jièzǒu le.
   その本はたぶん誰かが借りていきました。
   > 解説　"让"ràng や"叫"jiào を用いて受身文を作ることもできます。その場合は、"被"よりもより口語的です。

4. 你昨天没被老师批评吧？　あなたは昨日先生に叱られませんでしたか？
   Nǐ zuótiān méi bèi lǎoshī pīpíng ba?
   > 解説　受身文では、否定を表す"不／没（有）"や助動詞は"被"の前に置きます。

5. 爸爸不让我去卡拉OK。　父は私をカラオケに行かせてくれない。
   Bàba bú ràng wǒ qù kǎlā OK.

6. 妈妈叫姐姐去买菜。　母は姉を食材を買いに行かせます。
   Māma jiào jiějie qù mǎi cài.
   > 解説　受身のマーカー"让，叫"は、「～に（を）～させる」という使役のマーカーでもあり、使い分けは文脈から判断します。使役マーカ

ーとしての語順は「主語＋"让，叫"＋目的語＋動詞句」で、否定を表す語は"让，叫"の前に置きます。

7. **学习使人进步。** Xuéxí shǐ rén jìnbù.　学習は人を向上させる。

   解説 ▶ 使役マーカー"使"は、やや堅い表現で、「よろこばせる」「満足させる」「進歩向上させる」といった非動作的なスタティック（静的）な語と結びついて用いられます。

8. **我们想请校长讲几句话。**　私たちは校長に少し話をしてほしいと思う。
   Wǒmen xiǎng qǐng xiàozhǎng jiǎng jǐ jù huà.

   解説 ▶ ここでの"请"は「招く、来てもらう」の意味を表し、「A请B＋動詞＋目的語」の語順で「AはBに～するようお願いする／～してもらう」の意味になります。

3　次の日本語を中国語に訳しましょう。

1. **我的电脑被弟弟弄坏了。**　Wǒ de diànnǎo bèi dìdi nònghuài le.

   解説 ▶ 「～は～に～される」という受身表現を言うときは、動作行為の受け手"我的电脑"を主語にします。また動詞"弄"に"坏"という結果補語や助詞"了"を置き、裸の動詞では用いません。

2. **公司派我去上海出差。**　Gōngsī pài wǒ qù Shànghǎi chūchāi.

   解説 ▶ 「出張に行かせる」は、「派遣して～させる」の意味を表す使役動詞"派"を用います。

中検3級ファイナルチェック　71

unit 7　第20日目　解答と解説

step 2　検定形式問題　受動文／兼語文

1 (1)～(5) の中国語の空欄を埋めるのに最も適当なものを、それぞれ①～④の中から1つ選びなさい。

(1) 杂志（ **被** ）他借走了。　雑誌は彼に借りて行かれました。
　　Zázhì bèi tā jièzǒu le.

　　① 到　　② 从　　③ 把　　**❹ 被**

　　解説 ▶ 選択肢はすべて介詞で、①は「～まで（到達）」、②は「～から（起点）」、③は「～を（目的格化）」の意味です。「雑誌は彼に借りられた」の意味なので、受身の④を選びます。

(2) 那张画（ **叫** ）小孩儿弄脏了。　あの絵は子どもに汚されました。
　　Nà zhāng huà jiào xiǎoháir nòngzāng le.

　　❶ 叫　　② 使　　③ 把　　④ 对

　　解説 ▶ 「子どもに汚された」と受身文なので、①が正解です。②は使役「～させる」、③は「～を（目的格化）」、④「～に対して」の意味です。

(3) 我想（ **请** ）你去寄信。
　　Wǒ xiǎng qǐng nǐ qù jìxìn.
　　私はあなたに手紙を出しに行くようお願いしたいです。

　　❶ 请　　② 比　　③ 把　　④ 被

　　解説 ▶ 「AはBに～するようお願いする」という意味を持つ、使役動詞①"请"を選択します。②は比較「～と比べて」、④は受身「～させる」の意味です。

(4) 你们不应该（ **派** ）他去。　あなたたちは彼を行かせるべきではない。
　　Nǐmen bù yīnggāi pài tā qù.

　　① 被　　**❷ 派**　　③ 把　　④ 使

　　解説 ▶ ②"派"と④"使"はどちらも使役「～させる」の意味を持っていますが、④"使"は一般に「喜ばせる」「満足させる」など非動作的な語と結びついて用いられます。例："这件事使大家很高兴。"よって、②"派"が正解で、この文にはほかの使役のマーカー"让"、"叫"も使えます。

(5) 我（ **被** ）爷爷说了一顿。　私はおじいさんに叱られた。
　　Wǒ bèi yéye shuō le yí dùn.

❶ 被　②使　③把　④到

解説▶ 受身文なので、①が正解です。"说"には「叱る」「意見する」という意味もあり、叱責や罵倒や殴打などの動作の回数を数えるには、量詞"顿"を使います。

2 (6) ～ (10) の日本語の意味になるように、それぞれ①～④を並べ替えたとき、〔　〕内に入るものはどれか、その番号を答えなさい。

(6) 医者は私にこの薬を飲ませない。

② 大夫　〔❹ 不让 〕　① 我　③ 吃 这种药。

Dàifu bú ràng wǒ chī zhè zhǒng yào.

解説▶ 使役の否定文は、"不／没（有）"を"让／叫"の前に置きます。

(7) 先生は私たちに宿題を提出させる。

老师　① 叫　〔❹ 我们 〕　② 交　③ 作业。

Lǎoshī jiào wǒmen jiāo zuòyè.

解説▶ "我们"は使役の動詞"叫"の目的語でありながら、意味上、後ろの動詞"交"の主語でもあります。

(8) 私は彼にお願いして手伝いに来てもらう。

我　② 请　〔❸ 他 〕　① 来　④ 帮忙。

Wǒ qǐng tā lái bāngmáng.

解説▶ 「A 请 B＋動詞＋目的語」という使役文で、「A は B に～するようお願いする／～してもらう」の意味を表します。

(9) 私の財布は泥棒に盗まれました。

③ 我的钱包　〔❶ 被 〕　② 小偷　④ 偷走 了。

Wǒ de qiánbāo bèi xiǎotōu tōuzǒu le.

解説▶ 受身の"被"を使った問題です。語順は「動作を受けるもの＋"被"＋動作を実行するもの＋動詞句」になります。

(10) 窓は風によって開けられました。

③ 窗户　① 让〔❹ 风 〕　② 刮开 了。

Chuānghu ràng fēng guā kāi le.

解説▶ 「開けられる」と受身文になっています。ここでは"让"を使って、"被"と同じ語順で表現できます。"让"を使うとより口語的になります。

中検3級ファイナルチェック　73

文法ポイント 9：受身表現

受身の介詞には、**"被"**、**"叫"**、**"让"** があります。受け身の動詞も後置成分が必要です。

動作を受けるもの＋"被"／"叫"／"让"＋動作を実行するもの＋動詞句

ex）小李**被**车撞伤了。　　李さんは車にぶつかられて怪我をしました。

文法ポイント 10：使役表現

"让"、**"叫"**、**"使"** は使役の意味を表し、否定を表す場合は、**"不／没(有)"** をそれらの前に置きます。

主語＋"让"／"叫"／"使"＋目的語＋動詞句：「〜に〜させる」

ex）爸爸**让**我去买东西。　　お父さんは私を買い物に行かせます。
　　爸爸**不让**我去买东西。　　お父さんは私を買い物に行かせません。

"**使**" は一般的に書き言葉で用いられます。

unit 7 第 21 日目 解答と解説

step 3 リスニング [会話]

CD 37 / CD 38

	発音
司机：您去哪里？	Nín qù nǎli?
乘客：我去北京南站。	Wǒ qù Běijīng Nánzhàn.
师傅，能快点开吗。	Shīfu, néng kuài diǎn kāi ma?
我买的火车票是下午四点的。	Wǒ mǎi de huǒchēpiào shì xiàwǔ sì diǎn de.
我怕路上堵车。	Wǒ pà lùshang dǔchē.
司机：来得及。还有两个小时呢。	Lái de jí. Háiyǒu liǎng ge xiǎoshí ne.
乘客：那我就放心了。	Nà wǒ jiù fàngxīn le.
司机：您坐火车去哪里啊？	Nín zuò huǒchē qù nǎli a?
乘客：我去青岛出差。	Wǒ qù Qīngdǎo chūchāi.
司机：哟，青岛好啊，	Yō, Qīngdǎo hǎo a,
尤其是青岛的啤酒，	yóuqíshì Qīngdǎo de píjiǔ,
很有名的。	hěn yǒumíng de.
乘客：对啊。	Duì a.
我想等工作结束后，	Wǒ xiǎng děng gōngzuò jiéshù hou,
在附近找个小饭馆，	zài fùjìn zhǎo ge xiǎo fànguǎn
尝一尝新鲜的啤酒。	cháng yi chang xīnxiān de píjiǔ.
司机：哈哈，	Hāhā,
您也别忘了您出行的主要目的啊。	nín yě bié wàngle nín chūxíng de zhǔyào mùdì a.
咱们快到了，一共60元。	Zánmen kuàidào le, yígòng liùshí yuán.
你有零钱吗。	Nǐ yǒu língqián ma?
乘客：不好意思，没有。	Bù hǎoyìsi, méiyǒu.
司机：没关系。那祝你一路平安！	Méi guānxi. Nà zhù nǐ yílù píng'ān!

[日本語訳]

運転手：どこへ行きますか。

乗　客：北京南駅までお願いします。
　　　　運転手さん、急いでもらうことはできませんか。私のチケットは16時出発のもので、渋滞するといけないので。
運転手：間に合いますよ。まだ2時間あります。
乗　客：じゃあ、安心です。
運転手：電車でどこへ行かれますか。
乗　客：出張で青島に行きます。
運転手：おお、青島ビールの青島ですね。いいですね。
乗　客：そうですよ。仕事が終わったら近くのレストランで、新鮮なビールを頂こうかと思っています。
運転手：はは、本来の目的を忘れてはいけませんよ。
　　　　もうすぐ着きます。60元です。細かいのはありませんか。
乗　客：すみません、ありません。
運転手：大丈夫です。じゃあ、お気をつけて！

(1) 問：**乘客要去哪里？　Chéngkè yào qù nǎli?**
　　　　客はどこに行くつもりですか。
　　答：①去海南岛。　Qù Hǎinán Dǎo.　海南島に行く。
　　　　②去杭州。　Qù Hángzhōu.　杭州に行く。
　　　　❸去青岛。　Qù Qīngdǎo.　青島に行く。
　　　　④去上海。　Qù Shànghǎi.　上海に行く。
　　解説　文脈より「青島」が正解です。

(2) 問：**现在几点？　Xiànzài jǐ diǎn?**　今何時ですか。
　　答：①下午四点。　Xiàwǔ sì diǎn.　午後4時。
　　　　❷下午两点。　Xiàwǔ liǎng diǎn.　午後2時。
　　　　③上午两点。　Shàngwǔ liǎng diǎn.　午前2時
　　　　④上午四点。　Shàngwǔ sì diǎn.　午前4時
　　解説　4時の電車で、運転手があと2時間あると言っているので②が正解です。

(3) 問：**乘客出行的主要目的是什么？**
　　　　Chéngkè chūxíng de zhǔyào mùdì shì shénme?

客の主な目的は何ですか。

答：①喝新鲜的啤酒。 Hē xīnxiān de píjiǔ. 新鮮なビールを飲むこと。

❷出差。 Chūchāi. 出張。

③找个饭馆。 Zhǎo ge fànguǎn. レストランを探すこと。

④吃海鲜。 Chī hǎixiān. 海鮮を食べること。

解説　客は青島のビールを飲むのを楽しみにしているが、主な目的は出張です。

(4) 問：乘客刚上车的时候在担心什么？

Chéngkè gāng shàngchē de shíhou zài dānxīn shénme?

客がタクシーに乗ったときに心配したことは何ですか。

答：①喝不到青岛啤酒。 Hēbudao Qīngdǎo píjiǔ.

青島ビールが飲めないこと。

②路上堵车，赶得上火车。 Lùshang dǔchē, gǎndeshàng huǒchē.

道が渋滞して、電車に間に合うこと。

③看不到青岛风景。 kànbudao Qīngdǎo fēngjǐng.

青島の風景が見れないこと。

❹路上堵车，赶不上火车。 Lùshang dǔchē　gǎnbushàng huǒchē.

道が渋滞して、電車に間に合わないこと。

解説　"堵车"dǔchē「渋滞」を聞き取ることがポイントです。"赶得上"は「間に合う」、"赶不上"は「間に合わない」の意味です。

(5) 問：出租车费一共多少钱？ Chūzū chēfèi yígòng duōshao qián?

タクシー代は全部でいくらですか。

答：❶一共六十块钱。 Yígòng liùshí kuàiqián. 全部で60元です。

②一共十六块钱。 Yígòng shíliù kuàiqián. 全部で16元です。

③一共九十块钱。 Yígòng jiǔshí kuàiqián. 全部で90元です。

④一共六十美元。 Yígòng liùshí Měiyuán. 全部で60ドルです。

解説　全部で60元です。④は"美元"「ドル」なので不正解です。

unit 8　第22日目　解答と解説

step 1　ドリル　[時量]

1 次の漢字をピンインと声調に直し、日本語訳をしましょう。

1. 游泳
yóuyǒng　水泳をする

2. 比赛
bǐsài　試合（する）

3. 散步
sànbù　散歩する

4. 旅行
lǚxíng　旅行（する）

5. 清楚
qīngchu　はっきりしている

6. 提高
tígāo　高める

7. 收拾
shōushi　片づける

8. 导游
dǎoyóu　案内をする

9. 放心
fàngxīn　安心する

2 次のピンインを簡体字に直し、日本語に訳しましょう。

1. 我想坐一会儿。　私は少し座りたい。
Wǒ xiǎng zuò yíhuìr.
> 解説　"一会儿"yíhuìr「ちょっと」は時間の量を表し、動詞の後ろに置きます。

2. 你学汉语学了多长时间了?　あなたは中国語を学んでどのくらいですか。
Nǐ xué Hànyǔ xuéle duō cháng shíjiān le?
> 解説　"多长时间（どのくらいの時間）"は時間の量を表し、「動詞＋目的語＋動詞＋時量」と動詞を繰り返します。動詞の直後と、文末にも"了"を置くと、「今も学んでいる」という意味になります。また、"我学了两年汉语。"のように、動詞の直後だけに"了"を置くと、「私は中国語を2年学んだ」と今は学んでいるかどうかはわからないことを表します。

3. 他们结婚一个多月了。　彼らは結婚して1か月余りになる。
Tāmen jiéhūn yí ge duō yuè le.

4. 他考上大学一年多了。　彼は大学に入って1年余りになる。
Tā kǎoshàng dàxué yì nián duō le.

5. 他来中国半年了。　彼は中国に来て半年になる。
Tā lái Zhōngguó bàn nián le.
> 解説　時量には、「持続する時量」と「経過した時量」の2種類あります。

前者は、"休息""等"など一定時間、動作・行為をし続けていること、後者は、"死""毕业"など動作・行為が終わってから経過した時間を表します。3〜5は後者の例にあたり、この場合、時量は一般に最後に置きます。（また文末に"了"があるので、各々「結婚した状態」「大学に通っている状態」「中国にいる状態」が今も続いていることを表しています。）

3 下記の言葉を使って例のように文章を完成させましょう。

1. 学汉语　半年　➡　① 我们学汉语学了半年 。
　　　　　　　　　　② 我们学了半年（的）汉语 。

2. 看电影　两个小时　➡　① 我们看电影看了两个小时 。
　　　　　　　　　　　② 我们看了两个小时（的）电影 。

解説　「半年」「2時間」など時間の一定の長さのことを「時量（時間量）」といいます。時量は動詞の後ろに置き、"我们休息了一天。（私たちは1日休息した。）"のように言います。また、目的語を伴うときは、2通りの言い方があり、①「動詞＋目的語＋動詞＋時量」と動詞を繰り返すタイプと、②「動詞＋時量＋（的）目的語」と時量をはさみ込むタイプがあります。この2通りのどちらを使ってもかまいません。

unit 8 第 23 日目 解答と解説

step 2　検定形式問題　長文／時量

1 次の文章を読み、(1)～(4)の問いの答えとして最も適当なものを、それぞれ①～④の中から1つ選びなさい

"绿色植物窗帘"

现在世界各国都大力推进环保行动。你的家庭 (1) 为了 环保做过哪些事呢？

我家每年快到夏天的时候，在房子的南侧和东侧种植"绿色植物窗帘"。"绿色植物窗帘"是在家里的窗外和外墙种植冲绳喇叭花等植物遮蔽射入室内阳光， (2) 从而 节省开放空调冷气所需的能源。这期间，冲绳喇叭花每天早上开出美丽的紫色花朵，能缓解视觉疲劳和精神紧张。

虽然养花很辛苦，但也有养花的快乐。你用心照顾它们，就一定 (3) 会 有回报的。环境保护无小事，一切 (4) 从 我们身边做起。

*喇叭花　lǎbahuā：アサガオ

発音

"Lǜsè zhíwù chuānglián"

Xiànzài shìjiè gèguó dōu dàlì tuījìn huánbǎo xíngdòng. Nǐ de jiātíng wèile huánbǎo zuòguo nǎxiē xíngdòng ne?

Wǒjiā měi nián kuàidào xiàtiān de shíhou, zài fángzi de náncè hé dōngcè zhòngzhí "Lǜsè zhíwù chuānglián". "Lǜsè zhíwù chuānglián" shì zàijiā li de chuāngwài hé wàiqiáng zhòngzhí Chōngshéng lǎbahuā děng zhíwù zhēbì shèrù shìnèi yángguāng, cóng'ér jiéshěng kāifàng kōngtiáo lěngqì suǒ xū de néngyuán. Zhè qījiān, chōngshéng lǎbahuā měi tiān zǎoshang kāichū měilìde zǐsè huāduǒ, néng huǎnjiě shìjué píláo hé jīngshén jǐnzhāng.

Suīrán yǎnghuā hěn xīnkǔ, dàn yě yǒu yǎnghuā de kuàilè. Nǐ yòngxīn zhàogu tāmen, jiù yídìng huì yǒu huíbào de. Huánjìng bǎohù wú xiǎoshì, yíqiè cóng wǒmen shēnbiān zuòqǐ.

日本語訳

今、世界各国で環境を守るための行動を大々的に推進しています。あなたの家庭では環境保護のためにどんなことをしていますか。

我が家では毎年夏を迎える頃に、家の南側と東側に"緑のカーテン"をしてい

ます。"緑のカーテン"というのは、家の窓の外や外壁に沖縄アサガオなどの植物を植えることによって、日光が直接部屋に差し込むのを遮ったり、それによってクーラーをつけて冷たい空気を出すのに必要なエネルギーを節約したりするものです。これらの期間中、沖縄アサガオは毎朝、紫色で綺麗な花を咲かせて、見る人たちの目の疲れを癒し、心をなごませてくれます。

　毎日の水やりなど世話をするのは大変ですが、花を育てる楽しみもあり、心をこめて育てると沖縄アサガオは、その心にきちんと応えてくれます。環境保護に小さい、大きいはありません。すべては私たちの身の回りから始まるのです。

(1) 空欄 (1) を埋めるのに適当なものは、次のどれか。
　　① 因为　　❷ 为了　　③ 由于　　④ 因此

　解説　"环保"は"环境保护"の略で、「環境保護」の意味です。ここでは、「環境保護のために」の意になる②"为了"（目的を表す）を選びます。①は原因・理由を導く「なぜなら〜」、③は原因・理由を表す「〜のために」、④は原因・理由ではなく結果を導く「そのために〜」の意です。

(2) 空欄 (2) を埋めるのに適当なものは、次のどれか。
　　① 但是　　② 而且　　③ 后来　　❹ 从而

　解説　文脈から、「それゆえに」と結果を導く④"从而"を選びます。①は「しかし」、②は「しかも」、③は「その後」の意を表します。

(3) 空欄 (3) を埋めるのに適当なものは、次のどれか。
　　① 才　　❷ 会　　③ 能　　④ 就

　解説　"一定会……的"で「きっと〜だろう」と未来に可能性があることを表します。

(4) 空欄 (4) を埋めるのに適当なものは、次のどれか。
　　❶ 从　　② 对　　③ 往　　④ 在

　解説　"从……做起"「〜からやり始める」の意になります。ここでの"起"は方向補語で「動作の開始」を表します。

2 (1)〜(3) の日本語を中国語に訳し、漢字（簡体字）で書きなさい。

(1) 少々お待ちください。

请您等一下。　Qǐng nín děng yíxià.

> 解説　「少々」"一下"は時間の量を表すので、動詞"等"の後ろに置きます。

(2) 私はテレビを 2 時間見ました。
　　我看了两个小时(的)电视。　Wǒ kànle liǎng ge xiǎoshí (de) diànshì.
　　我看电视看了两个小时。

(3) 私は本を 1 時間読みました。
　　我看了一个小时（的）书。　Wǒ kànle yí ge xiǎoshí (de) shū.

> 解説　それぞれ「2 時間」「1 時間」は時間の量を表し、目的語（「テレビ」「本」）を伴っているので、「動詞＋時量＋(的)目的語」と時量をはさみ込むタイプか「動詞＋目的語＋動詞＋時量」と動詞を繰り返すタイプで表現します。

文法ポイント 11：時間量を表す

「何時間」「何日間」「何カ月間」などは、動詞の後ろに置きます。

動詞＋時間の長さ（＋目的語）：「〜をどのくらいする」

ex）我们休息**五分钟**。　　私たちは 5 分間休憩しましょう。
　　我学过一**年**汉语。　　私は中国語を 1 年間学んだ。

unit 8 第 24 日目 解答と解説

step 3　リスニング　会話

女：我儿子天天玩儿电脑游戏，
　　一点儿都不学习。
男：这可不行，孩子的任务就是学习。

　　不过，我最近常用网络，
　　还挺方便的呢。
女：是吗？　比方说？
男：如果你有什么想买的，
　　就可以在网上买便宜的。
　　如果你想做泰国菜，
　　那也可以马上查到
　　又简单又受欢迎的做法。
女：那很方便啊。
　　怪不得你老婆说，
　　你做的饭比她做的更好吃。
　　不过，我想还是有该注意的事。

男：是什么事呢？
女：想查一个东西，
　　百度一下就知道。
　　这样一直被动地接受信息的话，

　　会养成人的惰性。
　　自己主动思考的能力越来越下降。

男：你说的也是，
　　世上没有十全十美的事，
　　网络也有利与弊。

発音

Wǒ érzi tiāntiān wánr diànnǎo yóuxì,
yìdiǎnr dōu bù xuéxí.
Zhè kě bùxíng, háizi de rènwù jiùshì xuéxí.
Búguò, wǒ zuìjìn chángyòng wǎngluò,
hái tǐng fāngbiàn de ne.
Shì ma?　Bǐfāng shuō?
Rúguǒ nǐ yǒu shénme xiǎng mǎi de,
jiù kěyǐ zài wǎngshang mǎi piányi de.
Rúguǒ nǐ xiǎng zuò Tàiguócài,
nà yě kěyǐ mǎshàng chádào
yòu jiǎndān yòu shòu huānyíng de zuòfǎ.
Nà hěn fāngbiàn a.
Guàibude nǐ lǎopo shuō,
nǐ zuò de fàn bǐ tā zuò de gèng hǎochī.
Búguò, wǒ xiǎng háishi yǒu gāi zhùyì de shì.
Shì shénme shì ne?
Xiǎng chá yí ge dōngxi,
Bǎidù yíxià jiù zhīdao.
Zhèyàng yìzhí bèidòng de jiēshòu xìnxī de huà,
huì yǎngchéng rén de duòxìng.
Zìjǐ zhǔdòng sīkǎo de nénglì yuèláiyuè xiàjiàng.
Nǐ shuō de yě shì,
shìshang méiyǒu shíquán-shíměi de shì,
wǎngluò yě yǒu lì yǔ bì.

我们应该客观地对待科学的发展吧。Wǒmen yīnggāi kèguān dì duìdài kēxué de fāzhǎn ba.

> 日本語訳

女：うちの息子、毎日パソコンでゲームばっかりしていて、全然勉強しないのよ。
男：それはよくないね。子どもの仕事は勉強だしね。
　　でも私はよくパソコンでインターネットを使うのだけど、なかなか便利だよ。
女：そうなの？　例えば？
男：欲しい物があったら、インターネットで安く買うことができるし、タイ料理を作りたいと思ったら、すぐに簡単で人気のあるレシピが調べられるよ。
女：それは便利ね。なるほど、だからあなたの奥さんがあなたの料理は彼女より美味しいって言うわけなのね。
　　でもやっぱり気を付けなければいけないこともあると思うのよ。
男：何かな？
女：何かを調べたいときに、百度で調べればすぐにわかる。こうやってずっと受身で情報を得ていたら、惰性が生まれてしまうわ。自分で積極的に考える能力もだんだん落ちていってしまう。
男：君の言う通りだね。世の中に完璧なものはないから、インターネットにもプラス面とマイナス面があるね。私たちは科学技術の発展と上手に付き合っていく必要があるね。

(1) 問：儿子每天用电脑干什么？　Érzi měi tiān yòng diànnǎo gàn shénme?
　　　　息子は毎日パソコンで何をしていますか。
　　答：①查资料。　Chá zīliào.　資料を調べている。
　　　　②发邮件。　Fā yóujiàn.　メールを送っている。
　　　　③学习英语。　Xuéxí Yīngyǔ.　英語を勉強している。
　　　　❹玩儿游戏。　Wánr yóuxì.　ゲームで遊んでいる。

> 解説　"天天玩儿电脑游戏"「毎日パソコンゲームで遊んでいる」とあるので、④が正解です。

(2) 問：男的说孩子的任务是什么？
　　　Nán de shuō háizi de rènwù shì shénme?
　　　男性は、子どもの仕事は何だと言っていますか。
　　答：①孩子的任务是多吃饭。　Háizi de rènwù shì duō chīfàn.
　　　　子どもの仕事はたくさん食べることです。
　　　②孩子的任务是睡觉。　Háizi de rènwù shì shuìjiào.
　　　　子どもの仕事は寝ることです。
　　　❸孩子的任务是学习。　Háizi de rènwù shì xuéxí.
　　　　子どもの仕事は勉強をすることです。
　　　④孩子的任务是玩儿。　Háizi de rènwù shì wánr.
　　　　子どもの仕事は遊ぶことです。
　　解説　男性は"孩子的任务就是学习"「子どもの仕事は勉強だ」と言っているので、③が正解です。

(3) 問：男的说，如果有什么想买的，可以在哪儿买到便宜的？
　　　Nán de shuō, rúguǒ yǒu shénme xiǎng mǎi de, kěyǐ zài nǎr mǎidào piányi de?
　　　男性はもし買いたいものがあればどこで安く買えると言っていますか。
　　答：❶在网上。　Zài wǎngshang.　インターネット上で。
　　　②在百货商店。　Zài bǎihuò shāngdiàn.　百貨店で。
　　　③在大胡同。　Zài dà hútong.　大胡同で。
　　　④在朋友家。　Zài péngyou jiā.　友達の家で。
　　解説　男性は"可以在网上买便宜的"「インターネットで安いものが買える」と言っているので、①が正解です。

(4) 問：男的做的饭比他老婆做得怎么样？
　　　Nán de zuò de fàn bǐ tā lǎopo zuò de zěnmeyàng?
　　　男性が作った料理は男性の奥さんが作ったものと比べてどうですか。
　　答：❶男的做的饭比他老婆做得更好吃。
　　　　Nán de zuò de fàn bǐ tā lǎopo zuò de gèng hǎochī.
　　　　男性が作った料理は男性の奥さんが作ったものより更に美味しい。
　　　②男的做的饭比他老婆做得更咸。
　　　　Nán de zuò de fàn bǐ tā lǎopo zuò de gèng xián.

男性が作った料理は男性の奥さんが作ったものより更に塩辛い。

③男的做的跟他老婆做的一样好吃。

Nán de zuò de gēn tā lǎopo zuò de yíyàng hǎochī.

男性が作った料理は男性の奥さんが作ったものと同じくらい美味しい。

④男的做的饭没有他老婆做的好吃。

Nán de zuò de fàn méiyǒu tā lǎopo zuò de hǎochī.

男性が作った料理は男性の奥さんが作ったものほど美味しくない。

解説 ▶ "你做的饭比她做的更好吃"「あなたの作った料理は彼女のより美味しい」とあるので、①が正解です。

(5) 問：男的说在网上可以查到什么样的做法?

Nán de shuō zài wǎngshang kěyǐ chádào shénmeyàng de zuòfǎ?

男性はインターネットでどのようなレシピが調べられると言っていますか。

答：①又减肥又有营养的做法。

Yòu jiǎnféi yòu yǒu yíngyǎng de zuòfǎ.

低カロリーで栄養があるレシピ。

②又受欢迎又好吃的做法。

Yòu shòu huānyíng yòu hǎochī de zuòfǎ.

人気があって美味しいレシピ。

❸又简单又受欢迎的做法。

Yòu jiǎndān yòu shòu huānyíng de zuòfǎ.

簡単で人気があるレシピ。

④又简单又少见的做法。

Yòu jiǎndān yòu shǎojiàn de zuòfǎ.

簡単でめずらしいレシピ。

解説 ▶ "又简单又受欢迎的做法"「簡単で人気があるレシピ」とあるので、③が正解です。

unit 9 第25日目 解答と解説

step 1 ドリル 〔動作の持続・進行／存現文〕

1 次の漢字をピンインと声調に直し、日本語訳をしましょう。

1. 或者　huòzhě 或は、または
2. 重新　chóngxīn 新たに、再び
3. 出境　chūjìng 出国する
4. 耽误　dānwu 遅らせる
5. 结实　jiēshi 丈夫である
6. 合适　héshì ちょうどよい

2 次のピンインを簡体字に直し、日本語に訳しましょう。

1. **我去的时候，他正躺着看电视呢。**
   Wǒ qù de shíhou, tā zhèng tǎngzhe kàn diànshì ne.
   私が行ったとき、彼はちょうど横になってテレビを見ていました。
   〔解説〕 "着"は動作の後ろにつけて動作または動作の行われた結果が持続していることを表します。

2. **衣柜里挂着很多衣服。** クローゼットの中にたくさんの服がかかっています。
   Yīguì li guàzhe hěn duō yīfu.
   〔解説〕 動態助詞 "着" は動詞の後に付き、動作・状態の持続を表します。「〜ている」の意味です。ここでは、"挂着" guàzhe で「かかっている」の意になります。

3. **他没拿着东西。** 彼はものを持っていません。
   Tā méi názhe dōngxi.
   〔解説〕「動詞＋"着"」の否定形は、"没（有）……着"で表します。

4. **家里来了一位客人。** 家にお客さんが一人来ました。
   Jiā li láile yí wèi kèrén.

5. **墙上贴着一张中国地图。** 壁に中国地図が1枚貼ってあります。
   Qiángshang tiēzhe yì zhāng Zhōngguó dìtú.
   〔解説〕 存在や出現を表すには存現文を用います。「場所（あるいは時間）＋動詞＋その他の成分＋事物（あるいは人）」という語順になります。

中検3級ファイナルチェック　87

3 1～3の日本語の意味になるように、それぞれ①～④を並べ替えたとき、
〔　〕に入るものはどれか、その番号を答えましょう。

1. 他　③写　〔 ❷着 〕　④信　①呢。

   Tā xiězhe xìn ne.

   解説▶「動詞＋"着"」で動作・状態の持続を表します。

2. 书上　〔 ❷没 〕　③写　④着　①你　的名字。

   Shūshang méi xiězhe nǐ de míngzi.

   解説▶「動詞＋"着"」の否定形は"没"を使います。

3. ④墙上　〔 ❷挂 〕　③着　①一幅画

   Qiángshang guàzhe yì fú huà.

   解説▶ある所に何かが単に「ある／いる」「ない／いない」と存在を表すだけでなく、その存在のありさまを具体的に描きだすとき（「掛けてある」「貼ってある」など）、存現文を用います。それらは、持続した状態を表しているので、「動詞＋"着"」の形で表現します。語順は「場所（あるいは時間）＋動詞＋その他の成分＋事物（あるいは人）」です。

unit 9 第26日目 解答と解説

step 2 検定形式問題　長文／持続・進行／存現文

1 次の文章を読み、(1)～(4)の問いの答えとして最も適当なものを、それぞれ①～④の中から1つ選びなさい。

　　每年年末，由我们一家人发起和邻居们共同举办捣年糕的活动。今年已经是第十三次了。刚开始的时候，我们都还没有工具，所以每次借用别人家的非常沉重的石臼和杵等一套工具。有一天，真的没想到，借　(1) 给　我们工具的那家人搬到我家的隔壁了。幸亏有他们，捣年糕大会的准备简单多了。

　　每年，邻居们齐心协力，做各种好吃的年糕。夫人们挤在厨房里一起做出很多种馅的年糕。豆沙的、黄豆粉的、菜馅的。先生们在院子里点起炉火，准备年糕。孩子们用好奇的眼光看　(2) 着　捣年糕，脸上都洋溢着喜悦的笑容。参加人数一年比一年多。现在从小孩子　(3) 到　老人大约有八十多人参加。每年大会结束时，大家一起拍张合影，每个人都笑容满面。

　　一家人的幸福会汇聚成地域的和平、世界的和平。为了大家的笑容，我们一直坚持　(4) 下去　。这就是我家的骄傲。

　　　　　　　　　　　　　　　　　＊黄豆粉　huángdòufěn：きなこ

発音

　　Měi nián niánmò, yóu wǒmen yìjiārén fāqǐ hé línjūmen gòngtóng jǔ bàn dǎo niángāo de huódòng. Jīnnián yǐjīng shì dì-shísān cì le. Gāng kāishǐ de shíhou, wǒmen dōu hái méiyǒu gōngjù, suǒyǐ měi cì jièyòng biérén jiā de fēicháng chénzhòng de shíjiù hé chǔ děng yí tào gōngjù. Yǒu yìtiān, zhēn de méi xiǎngdào, jiègěi wǒmen gōngjù de nà jiārén bāndào wǒ jiā de gébì le. Xìngkuī yǒu tāmen, dǎo niángāo dàhuì de zhǔnbèi jiǎndān duō le.

　　Měi nián línjūmen qíxīn-xiélì, zuò gè zhǒng hǎochī de niángāo. Fūrenmen jǐ zài chúfáng li yìqǐ zuòchū hěn duō zhǒng xiàn de niángāo. Dòushā de, huángdòufěn de, cài xiàn de. Xiānshengmen zài yuànzi li diǎnqǐ lúhuǒ, zhǔnbèi niángāo. Háizimen yòng hàoqí de yǎnguāng kànzhe dǎo niángāo, liǎn shàng dōu yángyìzhe xǐyuè de xiàoróng. Cānjiā rénshù yì nián bǐ yì nián duō. Xiànzài cóng xiǎoháizi dào lǎorén dàyuē yǒu bāshí duō rén cānjiā. Měi nián dàhuì jiéshù shí dàjiā yìqǐ pāi zhāng héyǐng. Měi ge rén dōu xiàoróng mǎnmiàn.

中検3級ファイナルチェック　89

Yìjiārén de xìngfú huì huìjù chéng dìyù de hépíng、shìjiè de hépíng. Wèile dàjiā de xiàoróng, wǒmen yìzhí jiānchí xiàqu. Zhè jiùshì wǒjiā de jiāo'ào.

日本語訳

　毎年年末になると、我が家は近所の方々と「もちつき大会」を開催します。今年で13回目となります。始めたばかりの頃は、まだ道具がなかったので、毎回他の人の家からとても重い石臼と杵など道具一式を借りてきていました。ある日、本当に思いがけず、道具を借りていたその一家が我が家の隣に引っ越してきました。その一家のおかげで、もちつき大会の準備がとても楽になりました。

　毎年、ご近所同士で協力し合い、いろいろな美味しいお餅を作ります。奥さんたちは、キッチンに集まって様々な種類のお餅を作ります。あんころ餅、きなこ餅、菜餅などです。おじさんたちは、庭で火を炊いて、もちつきの準備をします。子どもたちはめずらしそうにお餅をつく様子を見ていて、嬉しそうな笑顔いっぱいです。参加人数は一年ずつ増加しています。現在は、子どもからお年寄りまで、80名近くの人が集まっています。毎回大会の最後に、全員で記念写真を撮ります。皆、最高の笑顔です。

　一家の幸せが地域の平和となり、それが世界の平和につながっていくのではないでしょうか。地域のために尽くす心は、我が家の誇りです。

(1) 空欄(1)を埋めるのに適当なものは、次のどれか。

　　❶ 给　　② 在　　③ 向　　④ 对

　　解説　「私たちに貸してくれる」の意味なので、受け渡しの対象を示す介詞である①の"给"を選びます。

(2) 空欄(2)を埋めるのに適当なものは、次のどれか。

　　❶ 着　　② 到　　③ 出　　④ 起来

　　解説　子どもたちが「見ている」という意味になるので、ある動作を持続している状態を表す「動詞+"着"」の形が正解です。

(3) 空欄(3)を埋めるのに適当なものは、次のどれか。

　　① 也　　❷ 到　　③ 又　　④ 都

　　解説　「〜から〜まで」は"从……到……"で表現します。

(4) 空欄 (4) を埋めるのに適当なものは、次のどれか。
　　① 下来　　② 上去　　❸ 下去　　④ 上来
　　解説　ここでは「ずっと続ける」の意味なので、継続の意味をもつ複合方向補語③"下去"が正解です。

2　(1) ～ (2) の日本語を中国語に訳し、漢字（簡体字）で書きなさい。

(1) 他正在看（着）电影呢。

　　Tā zhèngzài kàn (zhe) diànyǐng ne.

　　解説　「動詞＋"着"」は「"正在……呢"」の形式で、共に動作・状態の持続を表すこともできます。

(2) 我们班（上）来了一位新同学。

　　Wǒmen bān (shang) láile yí wèi xīn tóngxué.

　　解説　人や物が出現あるいは消失したことを表す存現文の問題です。主語が時間や場所となり、意味上の主語は述語の後ろに来て目的語となります。「時間・場所＋動詞＋数量＋事物・人」という語順になります。"上"は場所化のマーカーを示しています。

文法ポイント 12：存現文

存在や出現、消失を表すには存現文を用います。動詞には "有" や持続態の "着" や "了" を伴った動詞を用います。

場所／時間＋動詞＋その他の成分＋事物／人

ex）墙上挂着一张日本地图。　　壁に１枚の日本地図がかかっている。《存在》
　　前天发生了一件大事。　　一昨日１つの大事件が起こった。　　《出現》
　　我们班走了两个同学。　　　　　　　　　　　　　　　　　　《消失》
　　私たちのクラスではクラスメートが２人いなくなった。（引っ越した。）

中検3級ファイナルチェック　91

unit 9　第 27 日目　解答と解説

CD 41 / CD 42　step 3　リスニング　[長文]

　　我姥姥今年八十岁了。她性格开朗，长的也很漂亮。我高中毕业后离开家，去东京读大学。这样，我就借住在了东京的姥姥家。姥姥每天早起，给我做饭，还帮我洗衣服。并且一直在学业上鼓励我。有一次，我问她，为什么这么支持我呢，她说，她年轻的时候就非常喜欢学习，当时希望能成为一名老师。但是，那时她父母很忙，为了支持父母的事业，不得不放弃了自己的学业。所以，现在她希望尽她自己的努力，帮助我实现自己的梦想。听完姥姥的话，我就下定决心，好好儿学习。现在我终于实现了自己的梦想，成为了一名小学教师。

発音

　　Wǒ lǎolao jīnnián bāshí suì le. Tā xìnggé kāilǎng, zhǎng de yě hěn piàoliang. Wǒ gāozhōng bìyè hòu líkāi jiā, qù Dōngjīng dú dàxué. Zhèyàng, wǒ jiù jièzhù zài le Dōngjīng de lǎolao jiā. Lǎolao měi tiān zǎoqǐ, gěi wǒ zuòfàn, hái bāng wǒ xǐ yīfu. Bìngqiě yìzhí zài xuéyè shang gǔ lì wǒ. Yǒu yí cì wǒ wèn tā, wèishénme zhème zhīchí wǒ ne, tā shuō, tā niánqīng de shíhou jiù fēicháng xǐhuan xuéxí, dāngshí xīwàng néng chéngwéi yì míng lǎoshī. Dànshì, nà shí tā fùmǔ hěn máng, wèile zhīchí fùmǔ de shìyè, bù dé bù fàngqì le zìjǐ de xuéyè. Suǒyǐ xiànzài tā xīwàng jìn tā zìjǐ de nǔlì, bāngzhù wǒ shíxiàn zìjǐ de mèngxiǎng, Tīngwán lǎolao de huà, wǒ jiù xiàdìng juéxīn, hǎohāor xuéxí. Xiànzài wǒ zhōngyú shíxiànle zìjǐ de mèngxiǎng, chéngwéile yì míng xiǎoxué jiàoshī.

日本語訳 「私のおばあちゃん」

　　私のおばあちゃんは今年80歳です。性格は明るく、容姿端麗です。私は高校を卒業するときに家を出て、東京の大学に進学しました。こうして東京にいるおばあちゃんの家に住むようになりました。おばあちゃんは毎朝早く起き、私の食事を用意して、洗濯もしてくれます。また勉強面でもずっと励ましてくれています。ある時、私はおばあちゃんに、どうしてそんなに応援してくれるのかを尋ねました。おばあちゃんは、若いときはとても勉強が好きで、教師になりたかったのだけど、当時両親の仕事が忙しく、事業を支えるために自分の学業をあきらめざる

を得なかった、だから今、私（孫）が自分の夢を叶えられるよう精一杯お手伝いをしている、と話しました。おばあちゃんの話を聞いて、私は決意を固めて、一生懸命勉強しました。そして今、私は自身の夢を実現して、小学校の教員になりました。

問答

(1) 問：姥姥今年多大岁数？　Lǎolao jīnnián duō dà suìshù?
　　　おばあちゃんは今年何歳ですか。
　　答：①她今年八十八岁了。　Tā jīnnián bāshíbā suì le.　彼女は今年88歳です。
　　　　❷她今年八十岁了。　Tā jīnnián bāshí suì le.　彼女は今年80歳です。
　　　　③她今年十八岁了。　Tā jīnnián shíbā suì le.　彼女は今年18歳です。
　　　　④她很长寿。　Tā hěn chángshòu.　彼女はとても長寿です。
　　　解説　"我姥姥今年八十岁了"「私のおばあちゃんは今年80歳です」から、②を選びます。

(2) 問：姥姥每天早起做什么？　Lǎolao měi tiān zǎoqǐ zuò shénme?
　　　おばあちゃんは毎日早く起きて何をしますか。
　　答：①做体操，还给我做饭。　Zuò tǐcāo, hái gěi wǒ zuòfàn.
　　　　　体操をして、私に食事を作ってくれる。
　　　　②洗脸和刷牙。　Xǐliǎn hé shuāyá.　顔を洗い、歯を磨く。
　　　　③给我做饭，还帮我打扫房间。
　　　　　Gěi wǒ zuòfàn, hái bāng wǒ dǎsǎo fángjiān.
　　　　　私に食事を作り、部屋の掃除も手伝ってくれる。
　　　　❹给我做饭，还帮我洗衣服。　Gěi wǒ zuòfàn, hái bāng wǒ xǐ yīfu.
　　　　　私に食事を作り、洗濯も手伝ってくれる。
　　　解説　"姥姥每天早起，给我做饭，还帮我洗衣服"「毎日早起きして食事を作り、洗濯も手伝ってくれる」から、④を選びます。

(3) 問：姥姥为什么那么支持我呢？　Lǎolao wèishénme nàme zhīchí wǒ ne?
　　　おばあちゃんはなぜそんなにも私を応援してくれるのですか。
　　答：❶因为希望我实现自己的梦想。
　　　　　Yīnwèi xīwàng wǒ shíxiàn zìjǐ de mèngxiǎng.
　　　　　なぜなら私に私の夢を実現してほしいから。

②因为希望她实现她的梦想。

　Yīnwèi xīwàng tā shíxiàn tā de mèngxiǎng.

　なぜなら彼女が彼女の夢を実現したいから。

③因为她父母很忙。　Yīnwèi tā fùmǔ hěn máng.

　彼女の両親は忙しいから。

④因为希望我留在东京。　Yīnwèi xīwàng wǒ liúzài Dōngjīng.

　私に東京に残ってほしいから。

解説 "现在她希望尽她自己的努力，帮助我实现自己的梦想"「今、私が自分の夢を叶えられるよう精一杯お手伝いをしている」から、①を選びます。

(4) 問：姥姥年轻的时候的梦想是什么?

　Lǎolao niánqīng de shíhou de mèngxiǎng shì shénme?

　おばあちゃんの若い頃の夢は何ですか。

答：①成为一名演员。　Chéngwéi yì míng yǎnyuán.　女優になること。

　②成为一名律师。　Chéngwéi yì míng lǜshī.　弁護士になること。

　③成为一名厨师。　Chéngwéi yì míng chúshī.　調理師になること。

　❹成为一名老师。　Chéngwéi yì míng lǎoshī.　教師になること。

解説 "当时希望能成为一名老师"「当時は教師になりたかった」から、④を選びます。

(5) 問：姥姥当时为什么要放弃学业?

　Lǎolao dāngshí wèishénme yào fàngqì xuéyè?

　おばあちゃんは当時どうして学業をあきらめなければならなかったのですか。

答：①因为她非常喜欢学习。　Yīnwèi tā fēicháng xǐhuan xuéxí.

　　なぜならとても勉強が好きだったから。

②因为她希望成为一名老师。

　Yīnwèi tā xīwàng chéngwéi yì míng lǎoshī.

　なぜなら先生になりたかったから。

❸因为她要支持父母的事业。　Yīnwèi tā yào zhīchí fùmǔ de shìyè.

　なぜなら両親の事業を支えなければならなかったから。

④因为她喜欢工作。　Yīnwèi tā xǐhuan gōngzuò.

なぜなら仕事が好きだから。

解説 ▶ "为了支持父母的事业，不得不放弃了自己的学业"「当時両親の仕事が忙しく、事業を支えるために自分の学業をあきらめざるを得なかった」から、③を選びます。

unit 10 第28日目 解答と解説

step 1　ドリル 複文

1 次の文を正しい語順に直し、日本語に訳しましょう。

1. 虽然我很喜欢弹吉他，但是弹得不好。
    Suīrán wǒ hěn xǐhuan tán jíta, dànshì tán de bù hǎo.
    私はギターを弾くのが好きだが、それほど上手ではありません。
    > 解説　"虽然……但是……"は「〜ではあるけれども、しかし〜」という逆接の関係を表す。話し言葉では"虽然……可是……"も多く用いられます。

2. 你不是要回家吗？　Nǐ bú shì yào huíjiā ma?
    あなたは家に帰るのではなかったですか。
    > 解説　「不是……吗?」で反語文を作り、肯定を強調する働きをします。

3. 既然来了中国，就遵循中国的习惯。
    Jìrán láile Zhōngguó, jiù zūnxún Zhōngguó de xíguàn.
    中国に来たからには、中国の習慣に従います。
    > 解説　"既然"jì rán は接続詞で、「〜したからには」、「〜である以上は」という意味を表し、後ろにはよく"就"が呼応します。

4. 我一关灯就睡觉。　私は電気を消すとすぐに寝る。
    Wǒ yì guāndēng jiù shuìjiào.
    > 解説　"一……就……"は、「〜したらすぐ〜」の意味で2つの物事が相次いで起こることを表します。

5. 田中的发音越来越好了。　田中さんの発音はますます良くなった。
    Tiánzhōng de fāyīn yuèláiyuè hǎo le.
    > 解説　"越来越……"は「ますます〜」の意味で、「〜するほど〜だ」というときには、"越……越……"の形を用います。

6. 不管工作多辛苦，他都每天学习汉语。
    Bùguǎn gōngzuò duō xīnkǔ, tā dōu měi tiān xuéxí Hànyǔ.
    仕事がどんなに忙しくても、彼は毎日中国語を勉強しています。
    > 解説　"不管……都／也"は「〜にかかわらず（どんな場合でも）」という逆接の関係を表しています。"都"の後ろに肯定形も否定形も付け加えることができますが、"也"の後ろは否定形しか使えません。

"不管是谁说，她也不同意。""×不管是谁说，她也反对。"

7. 尽管你不同意，我还是坚持自己的意见。

   Jǐnguǎn nǐ bù tóngyì, wǒ háishi jiānchí zìjǐ de yìjiàn.

   あなたが同意しなくても、私は自分の意見を貫きます。

   > 解説　"尽管……但是／可是……""～であるけれども" という意味を表し、後ろの分文と逆接の関係になっています。1の"虽然……但是／可是……"と同じく前の分文が事実の譲歩（仮定ではない）でなければなりません。

2　次のA群とB群を線でつなぎ意味の通る文にしましょう。

A 群	B 群
1. 只要买个质量好的空调	a. 但是最后还是答应了。
2. 除了小猫以外	b. 我还喜欢熊猫。
3. 小王不但会开车	c. 我都要勇敢面对。
4. 他不是工人	d. 就行。
5. 不管遇到多大的困难	e. 而且还会修理汽车。
6. 既然来了	f. 而是农民。
7. 尽管老板很不高兴	g. 就多玩儿几天。

> 解説
> 1. 只要买个质量好的空调就行。
>   品質の良いエアコンさえ買えば、それでよいです。
> 2. 除了小猫以外，我还喜欢熊猫。
>   私は子猫のほかにパンダも好きです。
> 3. 小王不但会开车，而且还会修理汽车。
>   王さんは運転ができるばかりでなく、車の修理もできます。
> 4. 他不是工人而是农民。
>   彼は工場労働者ではなく、百姓です。
> 5. 不管遇到多大的困难，我都要勇敢面对。
>   どれほど大きな困難にあっても、私は勇敢に立ち向かいます。
> 6. 既然来了，就多玩儿几天。
>   来たからには、何日か日を伸ばして遊びましょう。
> 7. 尽管老板很不高兴，但是最后还是答应了。
>   社長の機嫌がよくなかったが、最後に承諾してくれた。

中検3級ファイナルチェック

unit 10 第29日目 解答と解説

step 2　検定形式問題　[複文]

1 (1)～(5)の中国語の空欄を埋めるのに最も適当なものを、それぞれ①～④の中から1つ選びなさい。　【1問1点】

(1) 只要跟着小张走，大家（　**就**　）不会迷路。
　　張さんに付いて行きさえすれば、誰も道に迷いません。
　　Zhǐyào gēnzhe Xiǎo Zhāng zǒu, dàjiā jiù bú huì mílù.
　　① 都　　② 会　　③ 才　　**④ 就**

　　解説▶ "只要"と呼応する④"就"が正解です。

(2) （　**既然**　）天气不好，这次就算了吧。　天気が良くないから、やめましょう。
　　① 只有　　**② 既然**　　③ 不管　　④ 不但
　　Jìrán tiānqì bù hǎo, zhè cì jiù suàn le ba.

　　解説▶ 接続詞の問題です。"就"と呼応するのは②既然 jìrán のみです。"既然……就……"「～である以上～」、"只有……才……"「～して初めて～」、"不管……都……"「たとえ～だろうが～」、"不但……而且……"「～ばかりでなくまた～」の意味を表します。

(3) 只有她去（　**才**　）能完成任务。
　　彼女が行かなければ、任務は成し遂げられない。
　　Zhǐyǒu tā qù cái néng wánchéng rènwù.
　　① 才　　② 就　　③ 都　　④ 那么

　　解説▶ "只有……才……"で「～して初めて～」の意味になる。

(4) 他一起床（　**就**　）去锻炼。
　　彼は起きたらすぐに身体を鍛えに行きます。
　　Tā yì qǐchuáng jiù qù duànliàn.
　　① 就　　② 还　　③ 都　　④ 才

　　解説▶ "一……就……"「～したらすぐ～」を用いています。「体を鍛えに行く」は"去锻炼"qù duànliàn の語順になります。

(5) 这种绿茶既好喝（　**又**　）不贵。　この種の緑茶はおいしいし、値段が安い。
　　Zhè zhǒng lǜchá jì hǎohē yòu bú guì.
　　① 又 yòu　　② 就 jiù　　③ 都 dōu　　④ 才 cái

　　解説▶ 「～の上に～だ」、「～し、」の意味を表す時には、"既"と呼応する①

98　中検3級ファイナルチェック

"又"が正解です。このように2つの性質や状況を同時に具えている意味を表す時には、"又……又……"も用いられます。

2 (6)～(10)の日本語を中国語に訳し、漢字（簡体字）で書きなさい。

【1問1点】

(6) 这本书不是我的就是他的。　Zhè běn shū bú shì wǒ de jiù shì tā de.

> 解説 ▶ "不是A就是B"は「AでなければB」という意味で、二者択一の関係を表しています。

(7) 他去过中国而且还去过韩国。

Tā qùguo Zhōngguó érqiě hái qùguo Hánguó.

> 解説 ▶ "(不但／不仅)……而且……"は「～ばかりでなく、さらに～」という累加の関係を表すときに使います。前後の句の主語が同じ場合は"不但／不仅"を主語の後ろに置きます。前後の句の主語が異なる場合は、"不但／不仅"を主語の前に置きます。"不但／不仅"が省略される場合も多くみられます。

(8) 如果明天不下雨，那么我就和你一起去。

Rúguǒ míngtiān bú xiàyǔ, nàme wǒ jiù hé nǐ yìqǐ qù.

> 解説 ▶ "如果……就"は「もしも～ならば」の意味で、仮定とその結果を結び付けます。話し言葉では"要是……就"も同じ意味でよく用いられます。

(9) 天气越来越冷。

Tiānqì yuè lái yuè lěng.

> 解説 ▶ "越来越……"は「ますます～」の意味で、程度が時間の推移につれて増していくことを表す。

(10) 你是开车去，还是坐地铁去?　Nǐ shì kāichē qù, háishi zuò dìtiě qù?

> 解説 ▶ "(是)A还是B""AそれともB"は、ABいずれかを選択させる選択疑問文でよく使います。Aの前に置く"是"は省略もできます。

中検3級ファイナルチェック

unit 10　第 30 日目　解答と解説

step 3　リスニング　長文

　　上大学以后，我一直向往着有一天能去中国留学。三年级的时候，我终于实现了这个梦想，来到了北京。我对北京的第一印象就是，不管是平日还是周末，街上的人都很多。因为城市很大，到哪儿去都必须坐地铁或者公共汽车。如果是上班高峰时间，就更加拥挤了。

　　一开始我不知道怎么坐公共汽车。后来在中国同学的帮助下，我很快就习惯了。我还买了月票，这样就更方便了。虽然我的听力比刚来的时候好多了，可是每次车上广播的时候我还是非常紧张，担心自己听不懂下一站是哪里。看来提高听力水平还需要花不少时间啊。

発音

　　Shàng dàxué yǐhòu, wǒ yìzhí xiàngwǎngzhe yǒu yìtiān néng qù Zhōngguó liúxué. Sān niánjí de shíhou, wǒ zhōngyú shíxiànle zhège mèngxiǎng, láidào le Běijīng. Wǒ duì Běijīng de dìyī yìnxiàng jiù shì, bùguǎn shì píngrì háishi zhōumò, jiēshàng de rén dōu hěn duō. Yīnwèi chéngshì hěn dà, dào nǎr qù dōu bìxū zuò dìtiě huòzhě gōnggòng qìchē. Rúguǒ shì shàngbān gāofēng shíjiān, jiù gèngjiā yōngjǐ le.

　　Yì kāishǐ wǒ bùzhīdào zěnme zuò gōnggòng qìchē. Hòulái zài Zhōngguó tóngxué de bāngzhù xià, wǒ hěn kuài jiù xíguàn le. Wǒ hái mǎile yuèpiào, zhèyàng jiù gèng fāngbiàn le. Suīrán wǒ de tīnglì bǐ gāng lái de shíhou hǎo duō le, kěshì měi cì chēshàng guǎngbō de shíhou wǒ háishi fēicháng jǐnzhāng, dānxīn zìjǐ tīng bù dǒng xià yízhàn shì nǎli. Kànlái tígāo tīnglì shuǐpíng hái xūyào huā bùshǎo shíjiān a.

日本語訳　「北京のバス」

　　大学に入ってから、私はずっといつか中国へ留学に行こうという夢を持っていました。三年生の時に、夢がついに実現して、私は北京にやってきました。北京に対する第一印象は、平日、週末を問わず、町中に人が多いことです。町が広いため、どちらに行くのにもバスか地下鉄に乗らなければなりません。通勤ラッシュの時間帯であれば、より込んでいます。

当初、私はバスに乗る方法がわかりませんでした。その後、中国のクラスメートの助けで、すぐにバスの乗り方に慣れました。私は月ぎめの定期券も購入して、一層便利になりました。自分のリスニング力は来たばかりの時より大分よくなってはいますが、バスの車内放送を聞く度に、とても緊張します。自分が次のバス停を聞き取れないのを心配しているからです。リスニング力の向上はやはり時間がかかりそうです。

問答

(1) 問：**大学三年级的时候，"我"去北京做什么？**
　　　Sān niánjí de shíhou, "wǒ" qù Běijīng zuò shénme?
　　　三年生の時、私は何をしに北京へ行きましたか？
　答：①去工作。　Qù gōngzuò.　仕事をしに行きました。
　　　②去旅游。　Qù lǚyóu.　旅行に行きました。
　　　③去探亲。　Qù tànqīn.　親戚を訪ねに行きました。
　　　❹**去留学。　Qù liúxué.　留学に行きました。**
　　解説 ▶ "我一直向往着有一天能去中国留学……我终于实现了这个梦想，来到了北京"から、④を選びます。

(2) 問：**以下哪一项不是"我"对北京的印象？**
　　　Yǐxià nǎ yíxiàng bú shì "wǒ" duì Běijīng de yìnxiàng?
　　　私が北京に対する印象と一致していないものは次のどれですか？
　答：①城市很大。　Chéngshì hěn dà.　町が広いです。
　　　❷**平日街上人不多。　Píngrì jiēshang rén bù duō.**
　　　　平日は町中に人が多くないです。
　　　③上班时间非常拥挤。　Shàngbān shíjiān fēicháng yōngjǐ.
　　　　通勤ラッシュの時間帯はとても込んでいます
　　　④周末街上人很多。　Zhōumò jiēshang rén hěn duō.
　　　　週末は町中に人が多くいる。
　　解説 ▶ "不管是平日还是周末，街上的人都很多。"から、②を選びます。

(3) 問：**在谁的帮助下"我"习惯了坐公共汽车？**
　　　Zài shéi de bāngzhù xià, "wǒ" xíguànle zuò gōnggòng qìchē?
　　　誰の助けで、私はバスの乗り方に慣れましたか？

中検3級ファイナルチェック　101

答：①在售票员的帮助下。　Zài shòupiàoyuán de bāngzhù xià.
車掌の助けで。
❷在同学的帮助下。　Zài tóngxué de bāngzhù xià.
クラスメートの助けで。
③在司机的帮助下。　Zài sījī de bāngzhù xià.
運転手の助けで。
④在乘客的帮助下。　Zài chéngkè de bāngzhù xià.
乗客の助けで。

解説▶ "后来在中国同学的帮助下，我很快就习惯了。"から、②を選びます。

(4) 問："我"为什么买月票了？　Wǒ wèishénme mǎi yuèpiào le?
私はなぜ月ぎめの定期券を買いましたか？

答：①因为没有零钱。　Yīnwèi méiyǒu língqián.
小銭を持っていないから。
②因为不习惯坐车。　Yīnwèi bù xíguàn zuòchē.
バスに慣れていないから。
❸因为会更方便。　Yīnwèi huì gèng fāngbiàn.
さらに便利になるから。
④因为坐车的人很多。　Yīnwèi zuò chē de rén hěn dōu.
乗客が多いから。

解説▶ "我还买了月票，这样就更方便了"から、③を選びます。

(5) 問："我"坐公共汽车的时候为什么紧张？
Wǒ zuò gōnggōng qìchē de shíhou wèishénme jǐnzhāng?
私はバスに乗るときどうして緊張するのでしょう？

答：❶因为听力不好。　Yīnwèi tīnglì bù hǎo.　リスニング力が低いから。
②因为没有带钱。　Yīnwèi méiyǒu dài qián.
お金を持っていないから。
③因为没有中国朋友。　Yīnwèi méiyǒu Zhōngguó péngyou.
中国の友達がいないから。
④因为很花时间。　Yīnwèi hěn huā shíjiān.　時間がかかるから。

解説▶ "担心自己听不懂下一站是哪里"から、①を選びます。

中国語検定3級　第2回実力問題　解答＆解説

> リスニング

1

1．一問一答

(1) 从这儿到四川坐火车要坐多长时间？
　　Cóng zhèr dào Sìchuān zuò huǒchē yào zuò duō cháng shíjiān?
　　（ここから四川まで列車でどのくらいですか。）
　　　❶大概得五个小时。　Dàgài děi wǔ ge xiǎoshí.
　　　（5時間くらいかかります。）
　　　②明天早上八点到。　Míngtiān zǎoshang bā diǎn dào.
　　　（明日の朝8時に着きます。）
　　　③现在七点五十分。　Xiànzài qī diǎn wǔshí fēn.
　　　（今は7時50分です。）
　　　④我买了两张票。　Wǒ mǎile liǎng zhāng piào.
　　　（私はチケットを2枚買いました。）
　　解説　"多长时间？"と時間の長さを尋ねているので、①を選びます。

(2) 昨天林梅回国了。　Zuótiān Lín Méi huíguó le.
　　（昨日林梅さんは帰国しました。）
　　　①小林是我们的好朋友。　Xiǎolín shì wǒmen de hǎo péngyou.
　　　（小林さんは私たちの良い友達です。）
　　　❷我怎么不知道？　Wǒ zěnme bù zhīdào?
　　　（私はどうして知らなかったのだろう。）
　　　③我怎么称呼她好呢？　Wǒ zěnme chēnghu tā hǎo ne?
　　　（私は彼女を何と呼んだらいいのだろう。）
　　　④为了留个纪念，我想跟她拍照。
　　　Wèile liú ge jìniàn, wǒ xiǎng gēn tā pāizhào.
　　　（記念に残すために、彼女と写真が撮りたい。）
　　解説　友人である林梅さんが昨日帰国したと聞いて、「自分はどうしてそれを知らなかったのか」と言っている②を選びます。

(3) 你的东西收拾好了吗？　Nǐ de dōngxi shōushi hǎo le ma?
　　（あなたの荷物は片付きましたか。）

①我已经学好了。 Wǒ yǐjīng xuéhǎo le. （私はもうしっかり学びました。）

❷差不多了。这次又坐火车又坐飞机，特别麻烦。
Chàbuduō le. Zhè cì yòu zuò huǒchē yòu zuò fēijī, tèbié máfan.
（だいたいできました。今回は列車に乗ったり飛行機に乗ったり、本当に面倒です。）

③我洗完澡了。 Wǒ xǐwán zǎo le.
（私はシャワーを浴びました。）

④快放暑假了，咱们去哪儿旅游?
Kuài fàng shǔjià le, zánmen qù nǎr lǚyóu?
（夏休みになりました。どこに遊びに行きますか。）

解説 片付いたかどうか尋ねているので、②を選びます。

(4) 由美，买到票了没有? Yóuměi, mǎidào piào le méiyǒu?
（由美さん、チケットを買いましたか。）

❶还没有呢。 Hái méiyǒu ne. （まだです。）

②还可以，快好了。 Hái kěyǐ, kuài hǎo le.
（まぁまぁです。もうすぐ良くなります。）

③已经吃光了。 Yǐjīng chīguāng le. （もう食べきりました。）

④还没看完呢。 Hái méi kànwán ne. （まだ見終わっていません。）

解説 チケットを買ったかどうか尋ねているので、①を選びます。

(5) 听说小王被车撞伤了，是吗?
Tīngshuō XiǎoWáng bèi chē zhuàng shāng le, shì ma?
（聞くところによると、王さんは車にぶつかって怪我をしたのですか。）

①是的，他在修理呢。 Shì de, tā zài xiūlǐ ne.
（そうです。彼は今修理をしています。）

②是，他得了癌症，咱们去看望他吧。
Shì, tā déle áizhèng, zánmen qù kànwàng tā ba.
（はい。彼は癌になりました。お見舞いに行きましょう。）

③是，他很喜欢开车。 Shì, tā hěn xǐhuan kāichē.
（はい。彼はとても運転が好きです。）

❹是的，他住院了。 Shì de, tā zhùyuàn le. （はい。彼は入院しました。）

解説　王さんは事故で怪我をしたと言っているので、「入院した」と答えている④を選びます。

2. 二人三話

(6) A：这星期天有国际文化节，你有兴趣看看吗?
　　　Zhè xīngqītiān yǒu Guójì wénhuàjié, nǐ yǒu xìngqù kànkan ma?
　　　(この日曜日に国際文化フェスティバルがありますよ。見に行きたいですか。)

　　B：很有兴趣。　Hěn yǒu xìngqù.　(とても興味があります。)

　　A：❶那咱们一起去吧。　Nà zánmen yìqǐ qù ba.
　　　　(じゃあ、一緒に行きましょう。)
　　　②明天有国际文化课。　Míngtiān yǒu Guójì wénhuàkè.
　　　　(明日は国際文化の授業があります。)
　　　③那星期六见啊。　Nà xīngqīliù jiàn a.　(じゃあ土曜日に会いましょう。)
　　　④那后天带你去按摩吧。　Nà hòutiān dài nǐ qù ànmó ba.
　　　　(じゃあ明後日マッサージに連れて行ってあげますよ。)

解説　国際文化フェスティバルに興味があるとBが答えたので、一緒に行こうと誘っている①を選びます。

(7) A：佐藤先生，去过中国吗?
　　　Zuǒténg xiānsheng, qùguo Zhōngguó ma?
　　　(佐藤さん、中国に行ったことがありますか。)

　　B：去过。去过三次。　Qùguo. Qùguo sān cì.
　　　(行ったことがありますよ。3回行きました。)

　　A：①飞机票不贵，你应该去看一看。
　　　　Fēijīpiào bú guì, nǐ yīnggāi qù kàn yi kàn.
　　　　(飛行機のチケットも高くないし、一度見に行くべきですよ。)
　　　❷都到了中国哪些城市?　Dōu dàole Zhōngguó nǎ xiē chéngshì?
　　　　(中国のどの都市に行きましたか。)
　　　③你什么时候回来呢?　Nǐ shénme shíhou huílai ne?
　　　　(いつ帰ってくるのですか。)
　　　④你的确很能喝酒。　Nǐ díquè hěn néng hē jiǔ.

（あなたは確かにお酒が強いですね。）

解説　「中国に行ったことがある」と聞いたので、具体的にどこの都市へ行ったのか聞いている②を選びます。

(8) A：听说，烤鸭是北京的名菜。　Tīngshuō, kǎoyā shì Běijīng de míngcài.
　　　（聞くところによると、ダックは北京の名物だそうですね。）
　　B：我还没吃过呢。　Wǒ hái méi chīguo ne.
　　　（私はまだ食べたことがないんです。）
　　A：❶我们应该去尝一尝。　Wǒmen yīnggāi qù cháng yi cháng.
　　　（一度食べに行くべきですね。）
　　　②北京烤鸭的味道怎么样？　Běijīng kǎoyā de wèidao zěnmeyàng?
　　　（北京ダックの味はどうですか。）
　　　③我已经去过北京。　Wǒ yǐjīng qùguo Běijīng.
　　　（私は今までに北京へ行ったことがあります。）
　　　④那我们明天吃小笼包吧。　Nà wǒmen míngtiān chī xiǎolóngbāo ba.
　　　（じゃあ明日小籠包を食べましょう。）

解説　北京ダックをまだ食べたことがないと言っているので、①を選びます。

(9) A：你找什么呢？　Nǐ zhǎo shénme ne?　（何を探しているのですか。）
　　B：我找自行车的钥匙，你看到没有？
　　　Zhǎo zìxíngchē de yàoshi, nǐ kàndào méiyǒu?
　　　（自転車の鍵です。見ませんでしたか。）
　　A：①你看，这儿就有自行车。　Nǐ kàn, zhèr jiù yǒu zìxíngchē.
　　　（見て、ここに自転車がありますよ。）
　　　②看到了，那儿有汽车的钥匙。　Kàndào le, nàr yǒu qìchē de yàoshi.
　　　（見ましたよ。あそこに車の鍵があります。）
　　　③没有，你怎么不参加比赛呢。　Méiyǒu, nǐ zěnme bù cānjiā bǐsài ne?
　　　（いいえ、あなたはどうして試合に参加しないのですか。）
　　　❹在桌子上放着呢。　Zài zhuōzi shang fàngzhe ne.
　　　（机の上に置いてありますよ。）

解説　Bが探している自転車の鍵は、「机の上に置いてありますよ」と教えている④を選びます。

(10) A：怎么又堵车了？　Zěnme yòu dǔchē le?
　　　（どうしてまた渋滞したのだろう?）
　　B：这条路车多路窄，总是堵车。
　　　Zhè tiáo lù chē duō lù zhǎi, zǒngshì dǔchē.
　　　（この道は車が多くて幅が狭いから、いつも渋滞しますよ。）
　　A：①一共三十六块。　Yígòng sānshíliù kuài.　（全部で36元です。）
　　　②那我们去其他餐厅吧。　Nà wǒmen qù qítā cāntīng ba.
　　　　（じゃあ違うレストランに行きましょう。）
　　　❸那能不能从别的路过去呢？
　　　　Nà néngbunéng cóng bié de lù guòqu ne?
　　　　（じゃあ他の道から行くことはできませんか。）
　　　④那我们先点青椒肉丝吧。　Nà wǒmen xiān diǎn qīngjiāo ròusī ba.
　　　　（じゃあ先にチンジャオロースを注文しましょう。）

　解説　渋滞しているので、「他のルートはないか」聞いている③を選びます。

2 長文聴解

(1)～(5)（会話）葡萄树

男：这是葡萄树吗？　　　　　　　　Zhè shì pútaoshù ma?
女：是的。　　　　　　　　　　　　Shì de.
　　六年前朋友送给我的葡萄，　　　Liù nián qián péngyou sòng gěi wǒ de pútao,
　　我吃了把种子种在院子里。　　　wǒ chīle bǎ zhǒngzi zhòng zài yuànzi li.
男：那粒种子长那么大了吗？　　　　Nà lì zhǒngzi zhǎng nàme dà le ma?
女：是，到第三年长到了五十厘米，Shì, dào dì-sān nián zhǎng dào le wǔshí límǐ,
　　然后再慢慢成长，　　　　　　　ránhòu zài mànmàn chéngzhǎng,
　　第四年就开始有葡萄了。　　　　dì-sì nián jiù kāishǐ yǒu pútao le.
男：噢，那是从一粒种子长出来的　　Ō, nà shì cóng yí lì zhǒngzi zhǎng chūlai de
　　葡萄呀，真厉害！　　　　　　　pútao ya, zhēn lìhai!
女：仔细观察的话，　　　　　　　　Zǐxì guānchá de huà,
　　葡萄最初是黄绿色的。　　　　　pútáo zuìchū shì huánglǜsè de.
　　后来慢慢地有透明感。　　　　　Hòulái mànmàn de yǒu tòumínggǎn.

熟了以后就变成了紫色。	Shú le yǐhòu jiù biànchéng le zǐsè.
男：我以前见过罩在袋子里的葡萄。	Wǒ yǐqián jiànguo zhàozài dàizi lǐ de pútao.
那是为什么呢？	Nà shì wèishénme ne?
女：一是为了防止虫子，	Yī shì wèile fángzhǐ chóngzi,
二是为了不被太阳晒。	èr shì wèile bú bèi tàiyáng shài.
男：原来如此。	Yuánlái rúcǐ.
女：到了秋天收完了葡萄，	Dàole qiūtiān shōuwánle pútao,
叶子也枯萎了，	yèzi yě kūwěi le,
就把树枝剪短。	jiù bǎ shùzhī jiǎnduǎn.
男：为什么呢？	Wèishénme ne?
女：为了明年长出更多新的叶子，	Wèile míngnián zhǎngchū gèng duō xīn de yèzi,
结更大的葡萄。	jiē gèng dà de pútao.
每年都很期待收获呢。	Měi nián dōu hěn qīdài shōuhuò ne.

場面 実がなっているぶどうの木を見て、二人が話をしています。

日本語訳 ぶどうの話

男：これはぶどうの木ですか？
女：そうですよ。
　　6年前に友人からぶどうの実をもらい、その種を1粒庭に埋めました。
男：それがこんなに大きくなったのですか？
女：そう、3年目までは50センチ位の木でしたが、
　　その後 どんどん育って、4年目から実をつけ始めたのです。
男：へー、1粒の種から育ったぶどうなのですね。凄いですね。
女：観察すると、ぶどうは最初黄緑ですが、次第に透明感が出てきます。
　　熟してくると紫色に変わります。
男：実に袋がかけてあるのを見たことがありますが、それはどうしてですか？
女：虫がつくのを防ぐとともに（果実の）日焼けを防ぐためですよ。
男：なるほど。
女：秋に収穫が終わって葉っぱも枯れてきたら、木を短く切ります。

男：どうしてですか？

女：来年新しい葉っぱがもっとたくさんできて、もっと大きなぶどうを収穫するためですよ。

　　毎年収穫が楽しみです。

(1) 这是什么树？　Zhè shì shénme shù?（これは何の木ですか？）

　　①橘子树。　Júzi shù.（みかんの木。）

　　②苹果树。　Píngguǒ shù.（リンゴの木。）

　　❸葡萄树。　Pútao shù.（ぶどうの木。）

　　④西红柿树。　Xīhóngshì shù.（トマトの木。）

　　解説 ▶ 本文から③が正解です。

(2) 第几年开始有葡萄了？　Dì-jǐ nián kāishǐ yǒu pútao le?

　　（ぶどうは何年目からできはじめたか。）

　　①第二年。　Dì-èr nián.（2年目。）

　　②第三年。　Dì-sān nián.（3年目。）

　　❸第四年。　Dì-sì nián.（4年目。）

　　④第六年。　Dì-liù nián.（6年目。）

　　解説 ▶ "第四年就开始有葡萄了"とあるので③を選びます。

(3) 朋友送给她什么？　Péngyou sòng gěi tā shénme?

　　（友人から何をもらいましたか。）

　　❶葡萄果实。　Pútao guǒshí.（ぶどうの実。）

　　②葡萄种子。　Pútao zhǒngzi.（果物の種。）

　　③葡萄叶子。　Pútao yèzi.（果物の葉っぱ。）

　　④葡萄苗。　Pútao miáo.（果物の苗。）

　　解説 ▶ 本文より、友人からもらったのはぶどうで、食べたあと種を1粒埋めて育てています。

(4) 葡萄的颜色是怎么变化的？　Pútao de yánsè shì zěnme biànhuà de?

　　（ぶどうの色はどのように変わりましたか。）

　　①从黄绿色变成红色。　Cóng huánglǜsè biànchéng hóngsè.

　　　（黄緑から赤色。）

中検3級ファイナルチェック　109

②从紫色变成黄绿色。　Cóng zǐsè biànchéng huánglǜsè.
（紫色から黄緑色。）

③从绿色变成黄色。　Cóng lǜsè biànchéng huángsè.　（緑色から黄色。）

❹从黄绿色变成紫色。　Cóng huánglǜsè biànchéng zǐsè.
（黄緑から紫色。）

> 解説　色は、「黄緑色から透明感が出てきて、紫色になる」とあるので④が正解です。

(5) 为什么要罩在袋子里呢？　Wèishénme yào zhàozài dàizi lǐ ne?
（袋かけはどうしてするのですか?）

❶为了防止虫子。　Wèile fángzhǐ chóngzi.　（虫から防ぐため。）

②为了防止寒冷。　Wèile fángzhǐ hánlěng.　（寒さから防ぐため。）

③为了防止被盗。　Wèile fángzhǐ bèidào.　（盗難を防ぐため。）

④为了保持甜味。　Wèile bǎochí tiánwèi.　（甘さを保つため。）

> 解説　理由は、"为了防止虫子"と"为了不被太阳晒"の２つを挙げています。

(6) 〜 (10) リスニング（長文）「バス旅行について」

　　我每年和附近的十个朋友一起坐大巴去旅行一次。因为今年富士山申请到了世界遗产，所以今年去静冈县看了富士山。大家打扮得都很漂亮，早上七点坐大巴出发。中午在餐馆吃了新鲜生鱼片和寿司，非常好吃。然后大概乘了二十分钟的游览船，享受了很美的海和清爽的风。

　　一下船就看到了美丽的富士山，非常感动。在那里我们拍了集体照片。然后我们去了果园。里边有很多橘子树。结的橘子有的大有的小。小的比大的甜。那天天气也很好，玩儿得很开心。回去的时候，我们在大巴里商量了明年的旅行去什么地方。特别开心的一天。

発音

　　Wǒ měi nián hé fùjìn de shí ge péngyou yìqǐ zuò dàbā qù lǚxíng yí cì. Yīnwèi jīnnián Fùshì Shān shēnqǐng dàole shìjiè yíchǎn, suǒyǐ jīnnián qù Jìnggāng xiàn kànle Fùshì Shān. Dàjiā dǎbàn de dōu hěn piàoliang, zǎoshàng qī diǎn zuò dàbā chūfā. Zhōngwǔ zài cānguǎn chīle xīnxiān shēngyúpiàn hé shòusī, fēicháng hǎochī. Ránhòu dàgài chéngle èrshí fēnzhōng de yóulǎnchuán, xiǎngshòule hěn měi de hǎi hé qīngshuǎng de fēng.

　　Yí xià chuán jiù kàndàole měilì de Fùshì Shān, fēicháng gǎndòng. Zài nàli wǒmen pāile jǐtǐ zhàopiàn. Ránhòu wǒmen qù le guǒyuán. Lǐbian yǒu hěn duō júzishù. Jié de júzi yǒu dà de yǒu xiǎo de. Xiǎo de bǐ dà de tián. Nà tiān tiānqì yě hěn hǎo, wánr de hěn kāixīn. Huíqu de shíhou, wǒmen zài dàbā lǐ shāngliàng le míngnián de lǚxíng qù shénme dìfang. Tèbié kāixīn de yì tiān.

場面　友達とバス旅行に行きます。
日本語訳

　　私は1年に1回、近所の友人10人と一緒にバス旅行に出かけます。今年は富士山が世界遺産になったので、富士山を見に静岡県へ行きました。みんな綺麗におしゃれをして、朝7時にバスに乗って出発しました。昼食はレストランで新鮮なお刺身とお寿司を食べて、とても美味しかったです。そのあと、20分ほどクルーズに乗って、美しい海と心地よい風を楽しみました。

　　船を降りると美しい富士山が見え、とても感動しました。そこで、皆で写真を撮りました。そのあと、私たちは果物園に行きました。中にはたくさんのみかんの木がありました。大きいみかんと小さいみかんがありましたが、小さいみかんの方が甘かったです。その日は天気がとてもよかったので、とても楽しく遊べました。帰り、バスの中で来年の旅行先をみんなで相談しました。とても楽しい1日でした。

(6) 我跟谁去旅行了？　Wǒ gēn shéi qù lǚxíng le?
　　（私は誰とバス旅行に出かけましたか。）
　　　①和十个高中同学。　Hé shí ge gāozhōng tóngxué.
　　　　（高校の同級生10人と。）
　　　②和附近的四个朋友。　Hé fùjìn de sì ge péngyou.　（近所の友達4人と。）
　　　③和附近的十个朋友。　Hé fùjìn de shí ge péngyou.
　　　　（近所の友達10人と。）
　　　④和小时候的朋友。　Hé xiǎoshíhou de péngyou.　（小さい頃の友達と。）
　　解説　"十"と"四"は発音が似ているので注意しましょう。

(7) 今年为什么去静冈县了？　Jīnnián wèishénme qù Jìnggāng Xiàn le?
　　（今年はどうして静岡県に行ったのですか。）
　　①因为富士山是日本最高的山。
　　　Yīnwèi Fùshì Shān shì Rìběn zuìgāo de shān.
　　　（富士山が日本一高い山だから。）
　　②因为喜欢富士山。　Yīnwèi xǐhuan Fùshì Shān.　（富士山が好きだから。）
　　③因为富士山很有名。　Yīnwèi Fùshì Shān hěn yǒumíng.
　　　（富士山が有名だから。）
　　❹因为富士山申请到了世界遗产。
　　　Yīnwèi Fùshì Shān shēnqǐng dào le shìjiè yíchǎn.
　　　（富士山が世界遺産に登録されたから。）
　　解説　本文より、「世界遺産に登録されたから静岡県に行くことにした」とあります。

(8) 中午吃什么了？　Zhōngwǔ chī shénme le?　（昼食は何を食べましたか。）
　　①寿司和炒菜。　Shòusī hé chǎocài.　（お寿司と炒め物。）
　　❷生鱼片和寿司。　Shēngyúpiàn hé shòusī.　（お刺身とお寿司。）
　　③生鱼片和火锅。　Shēngyúpiàn hé huǒguō.　（お刺身と火鍋。）
　　④生鱼片和拉面。　Shēngyúpiàn hé lāmiàn.　（お刺身とラーメン。）
　　解説　"在餐馆吃了新鲜生鱼片和寿司"とあるので②を選びます。

(9) 橘子的味道怎么样？　Júzi de wèidao zěnmeyàng?
　　（みかんの味はどうでしたか。）
　　①都很甜。　Dōu hěn tián.　（全部甘かった。）
　　②大的比小的甜。　Dà de bǐ xiǎo de tián.
　　　（大きいみかんは小さいみかんより甘かった。）
　　❸小的比大的甜。　Xiǎo de bǐ dà de tián.
　　　（小さいみかんは大きいみかんより甘かった。）
　　④都很酸。　Dōu hěn suān.　（全部すっぱかった。）
　　解説　本文に、"小的比大的甜。"とあるので、③を選びます。

(10) 以下哪一个顺序是正确的？
　　　Yǐxià nǎ yí ge shùnxù shì zhèngquè de?

(以下の流れで正しいのはどれですか。)

① 餐馆⇒游览船⇒果园⇒富士山。
　Cānguǎn ⇒ yóulǎnchuán ⇒ guǒyuán ⇒ Fùshì Shān.
　(レストラン⇒クルーズ⇒果物園⇒富士山。)

② 富士山⇒餐馆⇒游览船⇒果园。
　Fùshì Shān ⇒ Cānguǎn ⇒ yóulǎnchuán ⇒ guǒyuán.
　(富士山⇒レストラン⇒クルーズ⇒果物園。)

③ 餐馆⇒果园⇒富士山⇒游览船。
　Cānguǎn ⇒ guǒyuán ⇒ Fùshì Shān ⇒ yóulǎnchuán.
　(レストラン⇒果物園⇒富士山⇒クルーズ。)

❹ 餐馆⇒游览船⇒富士山⇒果园。
　Cānguǎn ⇒ yóulǎnchuán ⇒ Fùshì Shān ⇒ guǒyuán.
　(レストラン⇒クルーズ⇒富士山⇒果物園。)

解説 "富士山"は何回も出てきますが、実際にはクルーズを降りてすぐに見ています。

> 筆 記

1. 発音（声調）　　　　　　　　　　　　　　　　　　　　　　　　/100

1

1. (1)〜(5) の中国語と声調の組み合わせが同じものを、それぞれ①〜④の中から1つ選びなさい。　　　　　　　　　　　　　　　　　　　　（10点）

(1) 祝贺　zhùhè　（祝う）
　　❶　正确　zhèngquè　（正しい）　　　②　中药　zhōngyào　（漢方薬）
　　③　职业　zhíyè　（職業）　　　　　　④　特点　tèdiǎn　（特徴）

(2) 尊敬　zūnjìng　（尊敬する）
　　❶　需要　xūyào　（必要とする）　　　②　因此　yīncǐ　（従って）
　　③　随便　suíbiàn　（勝手気ままである）　④　一半　yíbàn　（半分）

(3) 原谅　yuánliàng　（許す）
　　①　利用　lìyòng　（利用する）　　　　❷　名胜　míngshèng　（名勝）
　　③　结果　jiéguǒ　（結果）　　　　　　④　教育　jiàoyù　（教育）

(4) 演员　yǎnyuán　（俳優）
　　❶　美元　měiyuán　（米ドル）　　　　②　幸福　xìngfú　（幸福である）
　　③　事实　shìshí　（事実）　　　　　　④　家庭　jiātíng　（家庭）

(5) 虽然　suīrán　（〜ではあるけれども）
　　①　丰富　fēngfù　（豊富である）　　　②　约会　yuēhuì　（デートをする）
　　③　翻译　fānyì　（翻訳をする）　　　　❹　精神　jīngshén　（精神）

2. (6)〜(10) の中国語の正しいピンイン表記を、それぞれ①〜④の中から1つ選びなさい。　　　　　　　　　　　　　　　　　　　　　　　（10点）

(6) 方式　① fānshì　② fāngxì　③ fānxì　❹ fāngshì
(7) 纪录　① jìrù　② jìlú　❸ jìlù　④ jìrú
(8) 重点　① zhòngtiān　② chóngtiān　❸ zhòngdiǎn　④ chóngdiǎn
(9) 精彩　❶ jīngcǎi　② qīngcǎi　③ qīngcái　④ jīngcái
(10) 地球　① dìqiu　❷ dìqiú　③ díqiú　④ díqiū

2 (1)～(10)の中国語の空欄を埋めるのに最も適当なものを、それぞれ①～④の中から1つ選びなさい。　　　　　　　　　　　　　　　(20点)

(1) 我想休息一（　段　）时间。　私はしばらく休みたいです。

　　Wǒ xiǎng xiūxi yí duàn shíjiān.

　　①　批　pī　　❷　段　duàn　　③　首　shǒu　　④　套　tào

　解説▶ 一定の距離や時間を表す量詞"段"duàn が正解です。①"批"pī はまとまった数量の商品・郵便物・文書または同時に行動する多くの人を1単位として数えます。③"首"shǒu は歌や詞、④"套"tào は「セットのもの」を数えます。

(2) 我家养了一（　条　）活泼可爱的小金鱼，我给它起名红红。

　　Wǒ jiā yǎngle yì tiáo huópo kě'ài de xiǎo jīnyú, wǒ gěi tā qǐmíng Hónghong.

　　我が家は元気で可愛い小さな金鱼を1匹飼って、私は紅紅と名付けました。

　　❶　条　tiáo　　②　部　bù　　③　块　kuài　　④　匹　pǐ

　解説▶ 魚は中国語では「細長いものを数える」量詞"条"tiáo を用います。④"匹"pǐ は馬やロバを数えるので注意しましょう。②"部"bù は著作や映画など、③"块"kuài は「塊状や片状のもの」を数えます。

(3) （　当　）我到学校时，老师已经开始上课了。

　　Dāng wǒ dào xuéxiào shí, lǎoshī yǐjīng kāishǐ shàngkè le.

　　私が学校に到着したとき、先生はすでに授業を始めていました。

　　①马上　mǎshàng　　②由于　yóuyú　　③从来　cónglái　　❹当　dāng

　解説▶ できごとが起きた時・場所を表す介詞の"当"dāng を選びます。①"马上"は「すぐに」、②"由于"yóuyú は「～によって」、③"从来"cónglái 「いままで、かつて」の意味です。

(4) 这件事（　对　）我们来说是一个教训。

　　Zhè jiàn shì duì wǒmen lái shuō shì yí ge jiàoxùn.

　　このことは私たちにとっては1つの教訓です。

　　①　向　xiàng　　②　关于　guānyú　　③　以　yǐ　　❹　对　duì

　解説▶ "对……来说"duì……láishuō で「～にとって」という表現になるので④が正解です。①は「～に向かって」、②は「～について」、③は「～をもって」の意味です。

(5) （ 多亏 ）有你，我的生活因而变得更加充实了。
　　Duōkuī yǒu nǐ, wǒ de shēnghuó yīn'ér biàn de gèngjiā chōngshí.
　　あなたのお陰で、私の生活はより充実したものになりました。
　　　①差点儿　chàdiǎnr　②忽然　hūrán　❸多亏　duōkuī　④恐怕　kǒngpà
　　解説▶「幸いなことに」という意味の副詞③"多亏"duōkuī が正解です。①は「もう少しで、あやうく」、②は「思いがけなく、突然」、④は「（よくない結果を予測して）おそらく」の意味です。

(6) 小李这次考试没怎么复习，（ 果然 ）考得很差。
　　Xiǎo Lǐ zhè cì kǎoshì méi zěnme fùxí, guǒrán kǎo de hěn chà.
　　李さんは今回の試験はあまり勉強しておらず、案の上ひどい点数でした。
　　　❶果然　guǒrán　②难道　nándào　③已经　yǐjīng　④原来　yuánlái
　　解説▶「試験勉強を全然していなかった」ことを受けて、「案の定」という意味の副詞"果然"guǒrán を選びます。②は「まさか～ではあるまい」、③は「すでに」、④は「もとは（今はそうではない意味を含む）」という意味です。

(7) 这个问题很难找（ 到 ）解决办法。
　　Zhège wèntí hěn nán zhǎodào jiějué bànfǎ.
　　この問題は解決方法を見つけるのが難しいです。
　　　①好　hǎo　②成　chéng　❸到　dào　④完　wán
　　解説▶結果補語の問題です。ここでは、「動作が目的物に到達すること」を表す③"到"dào が正解です。それぞれ動詞の後ろに直結させて、①"好"hǎo は「完成したり、満足な状態になること」、②"成"chéng は「変化して別のものになること」、④"完"wán「終わること」を表します。また、"很难……"は「～するのが難しい」の意となります。

(8) 学好中文，说（ 起来 ）容易，做（ 起来 ）难。
　　Xuéhǎo Zhōngwén, shuōqilai róngyi, zuòqilai nán.
　　中国語をマスターするということは、言うのは簡単だが、実行するのは難しい。
　　　❶起来　qǐlai　②下去　xiàqu　③过来　guòlai　④出来　chūlai
　　解説▶複合方向補語の問題です。動詞の後に付く「動作の方向を表す動詞＋"来"／"去"」の形が複合方向補語です。問題文は、「言うのは簡単だが、実行するのは難しい」の意味で①"起来"qǐlai が正解です。"起来"qǐlai には、派生に「～してみると」の意味があります。

(9) 田中今天没来上课，不是生病了，(　就是　) 有事吧。

Tiánzhōng jīntiān méi lái shàngkè, bú shì shēngbìng le, jiùshì yǒushì ba.

田中さんは今日授業に来ていませんでしたが、病気でなければ用事があったのでしょう。

❶就是　jiùshì　②但是　dànshì　③都　dōu　④而是　érshì

解説　「AでなければB」というときには、"不是A，就是B"の構文を用います。また、日本語の意味が似通った複文の「AではなくてB」というときは、"不是A，而是B"の構文を用います。

(10) (　一边　) 骑自行车 (　一边　) 打伞是很危险的。

Yìbiān qí zìxíngchē yìbiān dǎsǎn shì hěn wēixiǎn de.

自転車に乗りながら傘を差すのはとても危険です。

①越……越　yuè……yuè　❷一边……一边　yìbiān……yìbiān
③或者……或者　huòzhě……huòzhě　④先……后　xiān……hòu

解説　「自転車に乗りながら傘を差す」という意味なので、②が正解です。①は「～すればするほど～いよいよ」、③は「～したり～したり」、④は「まず～して、あとで」という意味です。

3

1. (1)～(5)の日本語の意味に合う中国語を、それぞれ①～④の中から1つ選びなさい。　(10点)

(1) 机の上にラジオが置いてある。

　①桌子上放收音机着。

　②收音机桌子上放着。

　❸桌子上放着收音机。　Zhuōzi shàng fàngzhe shōuyīnjī.

　④桌子放上着收音机。

　解説　「置いてある」はある状態が持続しているので"着"zheを用います。動詞＋"着"zheの語順になります。

(2) どんなに困難であってもマスターしなければならない。

　①不管困难多也得学会。

　②不管多困难得也学会。

　❸不管多困难也得学会。　Bùguǎn duō kùnnan yě děi xuéhuì.

　④不管困难多得也学会。

> 解説　"不管……都/也……"で「たとえ〜であっても〜」の意味を表します。「どんなに困難であっても」は"多（么）困难"で、"不管"の後ろに置きます。また、"得"はここでは「〜しなければならない」の意の助動詞で děi と読みます。

(3) 私たちはもう1時間歩いています。

　　❶我们已经走了一个小时了。　Wǒmen yǐjīng zǒule yí ge xiǎoshí le.

　　②我们走了已经一个小时了。

　　③我们已经一个小时走了了。

　　④我们走了一个小时已经了。

> 解説　時間量の問題です。"已经" yǐjīng は副詞なので動詞"走" zǒu の前に置きます。"一个小时" yí ge xiǎoshí は歩いた時間の量なので動詞の後ろに置きます。今も歩いているので"了" le を文末にも置きます。

(4) この服は大きく作りすぎました。

　　①这件衣服大做了。

　　❷这件衣服做大了。　Zhè jiàn yīfu zuò dà le.

　　③这件衣服做了大。

　　④这衣服做大件了。

> 解説　結果補語の問題です。動詞のあとに更に動詞や形容詞を付けて、動詞の表す動作の結果を表すのが結果補語です。問題文は、「作った」結果「大きくなった」ので"做大了" zuòdà le となります。

(5) 私の弟が買ったスマートフォンは椅子の上にあります。

　　①椅子上我弟弟买的智能手机在。

　　②智能手机我弟弟买的在椅子上。

　　③我弟弟买智能的手机在椅子上。

　　❹我弟弟买的智能手机在椅子上。

　　　Wǒ dìdi mǎi de zhìnéng shǒujī zài yǐzi shang.

> 解説　スマートフォンは"智能手机" zhìnéng shǒujī で、「私の弟が買ったスマートフォン」は"我弟弟买的智能手机"となります。問題文は"在" zài を使った存在を表す文で、「もの+"在"+場所」の語順になります。"在"の後ろに置く"椅子" yǐzi は名詞ですが、"上" shàng を付けることで場所化（「椅子の上」）させています。

2. (6)〜(10)の日本語の意味になるように、それぞれ①〜④を並べ替えたとき、〔　〕内に入るものはどれか、その番号を答えなさい。　　　(10点)

(6) 彼女は漢字を書くのが上手だ。

　　她写　　④汉字　〔　❸写　〕　②得　　①很好。

　　Tā xiě hànzi xiě de hěn hǎo.

　　解説　目的語のある動詞に程度補語を付けるときは、「主語＋動詞＋目的語」を言ってから動詞を繰り返し、そのあとに"得……"deを付けます。最初の動詞は省略可能です。

(7) 私は上司に批判されませんでした。

　　我　　③没有　　④被　〔　❶上级　〕　②批评。

　　Wǒ méiyǒu bèi shàngjí pīpíng.

　　解説　"不"bù"没（有）"méi(yǒu)やその他の副詞・助動詞などがある場合、それらは"被"bèiの前に置きます。

(8) 机の上にはたくさんの本が並んでいます。

　　〔　❹桌子上　〕　①摆　　③着　　②很多书。

　　Zhuōzishang bǎizhe hěn duō shū.

　　解説　「机の上に本があります」と「机の上に本が並んでいます」の二文は、日本語ではどちらも存在を表しているように感じますが、中国語では前者は存在を表し、後者はその存在のあり様を描写していると捉え「存現文」で表現します。語順は、「場所＋動詞＋助詞（ここでは"着"zhe）＋名詞」です。

(9) 私たちの宿舎から1人の学生が引っ越して行きました。

　　〔　❸我们宿舍　〕　④搬走　　②了　　①一个学生。

　　Wǒmen sùshè bānzǒu le yí ge xuésheng.

　　解説　(8)と同様、存現文の問題です。存現文には、「ある存在のあり様を描写しているもの」と「人や事物の出現・消失を表すもの」の2種類あり、問題文は後者にあたります。ここでは、「ある場所から誰かがいなくなった」という出来事を表しており、この場合も場所を表す語の次に動詞が来て、最後に一見主語と思える語が来ます。

(10) 山田先生は私たちに文法を教えています。

　　④山田老师　　②教　　③我们　〔　❶语法　〕。

　　Shāntián lǎoshī jiāo wǒmen yǔfǎ.

> **解説** 二重目的語を伴う動詞"教"があるので語順は「"教"＋人＋モノ」になります。このように2つの目的語を伴う動詞は他に"告诉""给""送"などがあります。

4 次の文章を読み、(1)～(6) の問いの答えとして最も適当なものを、それぞれ①～④の中から1つ選びなさい。　　　　　　　　　　　　　　　(20点)

　　2011年3月11日，在东日本发生了大地震。震灾当天， (1) 作为 营救队的一员我去了宫城县。现地受到了严重的地震和海啸的灾害，很多人等待着我们的救助。以下是我在避难所的经历。在那里有很多小孩儿和老人，因为生活不方便和食物不足，大家感到很有压力，特别累。就连我自己也不眠不休地营救，感到很累，没有精神。

　　 (2) 在 这种 (2) 情况下 ，有一个女孩子，看 (3) 上去 还是小学生，对我说："累了吧？ 这块糖给你，请你去救助更多的人。"她把糖给我了。在那个时候糖也是很宝贵的食物。我很惭愧感到那么累。因为我发现连那么小的孩子都 (4) 能够为大家着想。

　　也许被受灾害的人们不能完全抹去失去重要的人和自己家的悲伤心情。

　　 (5) 但 为了那样有爱心的孩子，我决定努力做自己能做的事。

発音

　　Èr líng yī yī nián sān yuè shíyī rì, zài Dōng Rìběn fāshēng le dà dìzhèn. Zhènzāi dāngtiān, zuòwéi yíngjiùduì de yìyuán wǒ qù le Gōngchéng Xiàn. Xiàndì shòudào le hěn dà de dìzhèn hé hǎixiào de zāihài, hěn duō rén děngdàizhe wǒmen de jiùzhù. Yǐxià shì wǒ zài bìnànsuǒ de jīnglì. Zài nàli yǒu hěn duō xiǎoháir hé lǎorén, yīnwèi shēnghuó bù fāngbiàn hé shíwù bùzú, dàjiā gǎndào hěn yǒu yālì, tèbié lèi. Jiù lián wǒ zìjǐ yě bùmián bùxiū de yíngjiù, gǎndào hěn lèi, méiyǒu jīngshén.

　　Zài zhè zhǒng qíngkuàng xià, yǒu yí ge nǚháizi, kànshàngqu háishi xiǎoxuéshēng, duì wǒ shuō: "Lèile ba? Zhè kuài táng gěi nǐ. Qǐng nǐ qù jiùzhù gèng duō de rén." Tābǎ táng gěi wǒ le. Zài nàge shíhou táng yě shì hěn bǎoguì de shíwù. Wǒ hěn cánkuì gǎndào nàme lèi. Yīnwèi wǒ fāxiàn lián nàme xiǎo de háizi dōu nénggòu wèi dàjiā zhuóxiǎng.

Yěxǔ zāoshòu zāihài de rénmen bù néng wánquán mǒqù shīqù zhòngyào de rén hé zìjǐ jiā de bēishāng xīnqíng. Dàn wèile nàyàng yǒu àixīn de háizi, wǒ juédìng nǔlì zuò zìjǐ néng zuò de shì.

日本語訳

2011年3月11日、東日本大震災が起こりました。私はレスキュー隊員の一人として、震災当日に宮城県に行きました。現地は地震や津波により大きな被害を受けており、多くの方々が救助を待っていました。

ある避難所に行った時のことです。そこには小さな子どもや高齢の方々がたくさん避難しており、不自由な生活と食糧の供給不足によるストレスで皆疲れ切っていました。救助に行った私自身も、不眠不休で動き続けていたので体力面も精神面も限界に近づいていました。

そんな状態の中、避難所にいる小学校ぐらいの女の子が私に、「疲れていませんか？　この飴をあげるからたくさんの人を助けてあげてください。」と言い、大切な食糧である飴を渡してきました。そのとき、私は疲れを感じている自分を恥じました。こんなに小さな子どもでも、皆のことを考えて一生懸命頑張っているのだと言うことに気付きました。

大切な人、町を失った悲しみを完全に拭い去ることはできないかもしれませんが、この優しい心を持つ子どもの為にも、いま私にできることを精一杯頑張ろうと改めて決意しました。

(1) 空欄 (1) を埋めるのに適当なものは、次のどれか。

　　①由于　yóuyú　　❷作为　zuòwéi　　③对　duì　　④通过　tōngguò

　解説　(1) は「～として」の意味の②"作为"zuòwéi を選びます。①は「～による」、③は「～に対して」、④は「～を通して」の意味です。

(2) 空欄 (2) を埋めるのに適当なものは、次のどれか。

　　①在……上　zài……shàng　　②对……来说　duì……lái shuō
　　③在……过程中　zài……guòchéng zhōng
　　❹在……情况下　zài……qíngkuàng xià

　解説　「そのような状況の中で」という意味なので④を選びます。①は「～の上で」、②は「～にとって」、③は「～の過程の中で」の意味です。

(3) 空欄 (3) を埋めるのに適当なものは、次のどれか。

①过来　guòlái　②出来　chūlái　❸上去　shàngqu　④下来　xiàlái

解説▶「見たところ」という意味で③"起来" qǐlái が正解です。②"看出来" kànchulái は「発見する、見つける」の意味です。

(4) 下線部 (4) の解釈として正しいものを選びなさい。

①みんなのために貢献できる。

②みんなのために心を痛める。

❸みんなのためになることを考えられる。

④みんなのためになることを頑張れる。

解説▶"能够" nénggòu は「～できる」、"为" wèi は「～のために」、"着想" は zhuóxiǎng と発音し、「(ある人またはある事のために) 考える、～のためを思う」の意味です。救助を待つ人も、救助をする側も極限に疲れている状況の中で、小さな女の子でさえもみんなのためを考えて頑張っていることに気が付いたという内容です。

(5) 空欄 (5) を埋めるのに適当なものは、次のどれか。

①而且　érqiě　❷但　dàn　③因此　yīncǐ　④到底　dàodǐ

解説▶前の文に「大切な人、町を失った悲しみを完全に拭い去ることはできないかもしれない」とあり、「優しい心を持つ子どものためにも頑張りたいと」と繋がっているので、逆接を表す②"但" dàn が入ります。①は「しかも」、③は「それゆえ」、④は「とうとう、ついに」の意味です。

(6) 本文の内容に合うものは、次のどれか。

①在避难所的人都比较乐观。

　Zài bìnànsuǒ de rén dōu bǐjiào lèguān.

　(避難所にいる人は比較的楽観的だった。)

②女孩子给我了一块饼干。　Nǚháizi gěi wǒ le yí ge bǐnggān.

　(女の子は私にクッキーを 1 枚くれた。)

③因为我吃不到糖，所以感到很惭愧。

　Yīnwèi wǒ chībudao táng, suǒyǐ gǎndào hěn cánkuì.

　(飴を食べることができなかったので、私は恥じた。)

❹女孩子希望我救助更多的人。

　Nǚháizi xīwàng wǒ jiùzhù gèng duō de rén.

（女の子は私が更に多くの人を助けることを願っている。）

> 解説　女の子は多くの人を助けてほしいと願って、当時大切な食糧であった飴を渡したので、④が正解です。

5 (1)～(5)の日本語を中国語に訳し、漢字（簡体字）で解答欄に書きなさい。
(20点)

(1) もし今晩時間があれば、一緒に映画を見に行きましょう。

如果今晚有时间（／有空）的话，我们一起去看电影吧。

Rúgǒu jīnwǎn yǒu shíjiān(/yǒu kòng) de huà, wǒmen yìqǐ qù kàn diànyǐng ba.

> 解説　仮定の表現「もし～ならば」は"如果"rúgǒu や"要是"yàoshì などを使います。「映画を見に行く」は動作の順番に"去看电影"とします。

(2) 壁に日本地図が1枚掛けてあります。

墙上挂着一张日本地图。

Qiángshang guàzhe yì zhāng Rìběn dìtú.

> 解説　何かが単に「ある」「ない」ではなく、その存在のあり様を描写しているとき、「場所名詞＋動詞＋存在物」という語順の存現文を用います。「掛けてある」というのはある持続した状態を表しているので、「動詞＋"着"zhe」の形で表現します。日本語では場所を表す助詞「に」がありますが、存現文では介詞"在"zài を用いないので注意しましょう。

(3) あなたの家は学校から遠いですか。

你家离学校远吗?

Nǐ jiā lí xuéxiào yuǎn ma?

> 解説　「家」と「学校」の2点間の距離を尋ねているので、介詞の"离"を用います。

(4) 声が小さすぎてよく聞こえない。

声音太小，我听不清楚。

Shēngyīn tài xiǎo, wǒ tīng bu qīngchu.

> 解説　「～すぎる」は副詞の"太"tài を使います（文末に"了"le をよく伴う）。「よく聞こえない」は可能補語の否定形"听不清楚"を使うの

がよいでしょう。

(5) 彼が行ってはじめて問題を解決することができます。
 只有他去，才能解决问题。
 Zhǐyǒu tā qù, cái néng jiějué wèntí.

 解説 ▶ 「～してはじめて～」は"只有……才……"で表現します。

文法ポイント 13：回数を表す

"一次"、"一趟"、"一下" などの動量詞を動詞の後ろに置きます。

動詞＋動量詞（＋目的語）
　　ex）我吃过**一次**。　　　　私は一度食べたことがある。
　　　　我吃过**两次**中国菜。　　私は二度中華料理を食べたことがある。

ただし、目的語が代詞の場合は目的語を先に置きます。

動詞＋目的語　＋　動量詞
　　ex）我见过**他一次**。　　　　私は一度彼を見たことがある。
　　　　我来过**这儿两次**。　　　私は二度ここに来たことがある。

文法ポイント 14：二重目的語

2つの目的語が「～（人）に」＋「～（何）を」の順番になります。動詞は一部の限られたものだけです。

動詞＋人＋モノ／コト
　　よく使われる動詞　⇒　"送"、"给"、"请"、"告诉"、"教" など
　　ex）我**教**你日语。　　　　私はあなたに日本語を教えます。

付　録

呼応表現一覧

(1) 累　加

☐ 不但…而且…	…ばかりでなく…	这个橘子不但很大，而且很甜。 （このみかんは大きいだけでなく甘い。）
☐ 不仅…而且…	…ばかりでなく…	她不仅很漂亮，而且经常帮助别人。 （彼女は綺麗なだけでなく、よく人助けをする。）

(2) 順　接（原因と結果）

☐ 既然…就…	…した以上…	你既然来了，就别走了。 （来た以上、ここにいなさい。）

(3) 逆　接

☐ 尽管…但是…	…だけれども…	尽管老板很不高兴，但是最后还是答应了。 （社長は機嫌がよくなかったが、最後に承諾してくれた。）

(4) 条　件

☐ 只要…就…	…さえすれば…	只要买个质量好的空调就行。 （品質の良いエアコンさえ買えば、それでよいです。）
☐ 只有…才…	…してこそ初めて…	只有努力工作，才能得到上级的承认。 （頑張って仕事をしてはじめて、上司に認めてもらうことができます。）
☐ 不管…都/也…	たとえ…であろうと	不管遇到多大的困难，我都要勇敢面对。 （どれほど大きな困難にあっても、私は勇敢に立ち向かいます。）

助動詞一覧

能力・許可	☐ 可以	～できる、～してもよい	在这里可以抽烟吗？ （ここではタバコを吸って良いですか。）
	☐ 能	（一定の事をする能力・条件があり）～できる	你明天能来吗？ （あなたは明日来ることができますか。）
技　能	☐ 会	（練習・習得の結果）～できる	你会游泳吗？ （あなたは泳げますか。）

願望・意欲	☐ 想	～したい	我想学习中文。 (私は中国語を学習したいです。)
	☐ 愿意	～したい、願う	我愿意帮助你。 (私はあなたを助けたいと思う。)
義務	☐ 要	～したい ～しなければならない	我要一杯红酒。 (ワインを一杯ください。) 我要买火车票。 (電車の切符を買わなければなりません。)
	☐ 应该	～すべきだ	我们应该早睡早起。 (私たちは早寝早起きをすべきです。)
	☐ 得	～しなければならない	你得好好儿学习。 (あなたはよく勉強しなければなりません。)
予定	☐ 打算	～するつもりである	我们打算明年结婚。 (私たちは来年結婚するつもりです。)
	☐ 准备	～する予定である	我准备明年搬家。 (私は来年引っ越す予定です。)

介詞一覧			
時間／場所	☐ 在 ☐ 从（到）	～で ～から（…まで） 《起点》	我在大阪工作。 (私は大阪で働いています。) 我平时从八点到六点上班。 (私は普段8時から6時まで働いています。)
	☐ 离	～から 《二点間の時間的な空間・時間》	上海离北京很远。 (上海は北京からとても遠い。)
方向	☐ 向	～に向かって	他向我点头，表示同意。 (彼は私の方を向いてうなずき、同意を示した。)

対象	□ 対	～に対して	抽烟对身体好吗？ (喫煙は体に良いですか。)
	□ 给	～に	明天我给你打电话。 (明日私はあなたに電話をします。)
	□ 比	～より、～に比べて 《比較》	我比她高。 (私は彼女より背が高い。)
	□ 跟 □ 和	～と、～に ～と、～に	我跟她一起去超市。 (私は彼女と一緒にスーパーにいく。) 我和爸爸商量。　(私は父と相談する。)

覚えておきたい量詞一覧		
名量詞	特徴	具体例
□ 块 kuài	かたまり状のもの	石头　(石) 肉　　(肉) 手表　(腕時計)
□ 双 huāng	本来的に対のもの	鞋　　(靴)　　　袜子　(靴下) 手套　(手袋)　　筷子　(お箸)
□ 件 jiàn	服や荷物、事柄類	衣服　(服)　　　事　　(事) 行李　(荷物)
□ 套 tào	セットになっているもの	茶具　(茶器)　　书　　(本)
□ 所 suǒ	家屋・学校・病院など	大学　(大学) 医院　(病院)
□ 幅 fú	布地や絵画	画　　(絵画)
□ 把 bǎ	握りのあるもの	刀　　(刀)　　　椅子　(椅子) 雨伞　(雨傘)
□ 道 dào	細長い筋状のもの 命令や問題	题　　(問題)　　命令　(命令)
□ 段 duàn	区切りや段落 一定の距離や時間	时间　(一区切りの時間)
動量詞		
□ 遍 biàn	動作の始めから終わりまで 通しての一回	说一遍　　(1度話す) 问了三遍　(3回尋ねた)

☐ 趟 tàng	往復する動作の回数	**去了一趟** （1回行ってきた） **跑了好几趟** （何回も走った）
☐ 顿 dùn	食事・叱責・忠告・罵倒などの動作の回数 動作の回数	**一天吃三顿饭** （一日に三度食事をする） **被爸爸批评了一顿** （父に叱られた）
☐ 阵 zhèn	一定時間続く事物・動作・現象など	**昨天晚上下了一阵雨** （昨日の夜小雨が降った）

3級文法ポイントのまとめ

文法ポイント1：程度補語

「すごく〜だ」「ひどく〜だ」など程度が高いことを表すとき、形容詞に "**得**" を加え、そのありさまを表す語を後ろに置きます。

ex）我高兴**得**很。　　　私はうれしくてたまらない。
　　我热**得**要死。　　　私は暑くて死にそうだ。
　　她急**得**不得了。　　彼女はひどく焦っている。

文法ポイント2：様態補語

様態補語 とは、動作・行為の行われ方がどうであるか、その性状のありさまがどうであるかを述べるものです。

① **目的語がない場合**

　　動詞／形容詞＋ "**得**" ＋…

　　　　ex）他来**得**很晚。　　彼は来るのが遅かったです。
　　　　　　他来**得**不晚。　　彼は来るのが遅くなかったです。

② **目的語がある場合**

　　動詞＋目的語＋動詞＋ "**得**" ＋…

　　　　ex）我妈做菜做**得**很好吃。　　私の母は料理が上手だ。
　　　　　　她说日语说**得**很流利。　　彼女は日本語を話すのがとても流暢だ。

文法ポイント３：結果補語

　動作の結果がどうであるかを補助的に説明し、強調するものを結果補語といいます。よく使うものに、"**完**"、"**好**"、"**错**"、"**到**"、"**懂**"、"**在**"などがあります。

　　ex）吃**饱**　（満腹する）　　听**懂**　（聞いて理解する）
　　　　说**错**　（言い間違える）　看**完**　（見終わる）

文法ポイント４："是…的"構文

　すでに行われた動作について、「誰が」「いつ」「どこ」「どのように」行われたかを説明する、あるいはその説明を求める場合、"**是……的**"構文を使います。

　　ex）你**是**怎么来**的**？　　　あなたはどのように来たのですか。
　　　　我**是**坐火车来**的**。　　電車で来ました。

文法ポイント5：方向補語

動作・行為の趨勢や方向を示します。

① 単純方向補語

動詞＋方向補語

	进	出	上	下	回	过	起	开
来	进来	出来	上来	下来	回来	过来	起来	开来
去	进去	出去	上去	下去	回去	过去		

② 複合方向補語

動詞＋〔上／下／进／出／回／过／起／开〕＋来／去

ex) 老师**走出去**了。　　先生は出ていった。

☆単純方向補語でも複合方向補語でも、目的語がある場合は、位置に注意が必要です。

①目的語が場所を表す場合

必ず"来／去"の前に置きます。

ex）他**走进**教室**来**了。　　彼は教室に入ってきた。

②目的語が一般事物（持ち運べるもの）の場合

場所を表す場合と同様、"来／去"の前に置きますが、動作がすでに完了しているときには、目的語を"来／去"の後ろにも置くことが出来ます。

ex）我想带相机**去**。　　私はカメラを持っていきたい。

我买**来**了一个苹果。　　私はリンゴを1つ買ってきた。（完了）

文法ポイント6：可能補語

結果補語、方向補語の前に"**得**"あるいは"**不**"を用いると、可能補語になり、「〜できる」「〜できない」の意味を生じます。

ex）吃**得**饱（食べて・いっぱいになり得る⇒満腹できる）

吃**不**饱（食べて・いっぱいにならない⇒満腹できない）

回**得**来（帰ってくることができる）

回**不**来（帰ってくることができない）

文法ポイント7：比較文

① 介詞"比"を用います。

A**比**B……　　「AはBより〜」

ex）这个**比**那个贵。　　これはあれより（値段が）高いです。

☆「AはBよりずっと〜だ」と表現したいとき、副詞の"更"、"还"を用いることができます。"很"、"非常"、"特別"などの副詞は置くことができません。

ex）这个**比**那个**还**贵。　　これはあれよりずっと（値段が）高いです。

② AがBのレベルに達していないことを表します。

A**没有**B……　　「AはBほど〜ではありません」

ex）这个**没有**那个贵。　　これはあれほど高くありません。

③ 介詞"跟"や"和"（書き言葉）を用いて類似や異同を表します。

A**跟**B一样……　　「AはBと同じ〜」

ex）我**跟**小王一样大。　　私と王さんは同じ年です。

文法ポイント8："把"構文

　"把"は特定の対象（目的語）を動詞述語の前に引き出し、対象に処置したり、影響を与える構文です。動詞には何らかの後置成分をつけ、対象は特定のものです。副詞や助動詞などは、"把"の前に置きます。

　"把"＋目的語＋動詞＋後置成分

　　ex）我**把**作业做完了。　　　私は宿題をやり終えた。

　　　　你应该**把**桌子擦干净。　　あなたはテーブルを綺麗に拭くべきです。

文法ポイント9：受身表現

　受身の介詞には、**"被"**、**"叫"**、**"让"**があります。受け身の動詞も後置成分が必要です。

　動作を受けるもの＋"被"／"叫"／"让"＋動作を実行するもの＋動詞句

　　ex）小李**被**车撞伤了。　　　李さんは車にぶつかられて怪我をしました。

文法ポイント10：使役表現

　"让"、"叫"、"使"は使役の意味を表し、否定を表す場合は、"不／没(有)"をそれらの前に置きます。

　主語＋"让"／"叫"／"使"＋目的語＋動詞句：「～に～させる」

　　ex）爸爸**让**我去买东西。　　　お父さんは私を買い物に行かせます。

　　　　爸爸**不让**我去买东西。　　お父さんは私を買い物に行かせません。

　"使"は一般的に書き言葉で用いられます。

文法ポイント 11：時間量を表す

「何時間」「何日間」「何カ月間」などは、動詞の後ろに置きます。

動詞＋時間の長さ（＋目的語）：「～をどのくらいする」

ex）我们休息**五分钟**。　　私たちは 5 分間休憩しましょう。
　　我学过**一年**汉语。　　私は中国語を 1 年間学んだ。

文法ポイント 12：存現文

存在や出現、消失を表すには存現文を用います。動詞には "**有**" や持続態の "**着**" や "**了**" を伴った動詞を用います。

場所／時間＋動詞＋その他の成分＋事物／人

ex）墙上挂**着**一张日本地图。　壁に 1 枚の日本地図がかかっている。《存在》
　　前天发生**了**一件大事。　　一作日 1 つの大事件が起こった。　《出現》
　　我们班走**了**两个同学。　　　　　　　　　　　　　　　　　《消失》
　　私たちのクラスではクラスメートが 2 人いなくなった。（引っ越した。）

文法ポイント 13：回数を表す

"一次"、"一趟"、"一下"などの動量詞を動詞の後ろに置きます。

　　動詞＋動量詞（＋目的語）
　　　ex）我吃过**一次**。　　　　私は一度食べたことがある。
　　　　　我吃过**两次**中国菜。　　私は二度中華料理を食べたことがある。

ただし、目的語が代詞の場合は目的語を先に置きます。

　　動詞＋目的語　＋　動量詞
　　　ex）我见过**他一次**。　　　私は一度彼を見たことがある。
　　　　　我来过**这儿两次**。　　私は二度ここに来たことがある。

文法ポイント 14：二重目的語

２つの目的語が「〜（人）に」＋「〜（何）を」の順番になります。動詞は一部の限られたものだけです。

　　動詞＋人＋モノ／コト
　　　よく使われる動詞　⇒　"送"、"给"、"请"、"告诉"、"教"など
　　　ex）我**教**你日语。　　　　私はあなたに日本語を教えます。

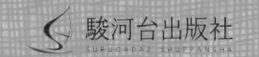

駿河台出版社
SURUGADAI SHUPPANSHA